Veronika Pichl

Zuckerfrei genießen mit Erythrit und Xylit

Die besten Low-Carb-Süßigkeiten und -Desserts
mit den beliebten Zuckeralternativen

riva

Bibliografische Information der Deutschen Nationalbibliothek
Die Deutsche Nationalbibliothek verzeichnet diese Publikation in der Deutschen Nationalbibliografie. Detaillierte bibliografische Daten sind im Internet über http://d-nb.de abrufbar.

Für Fragen und Anregungen
info@rivaverlag.de

Wichtiger Hinweis
Dieses Buch ist für Lernzwecke gedacht. Es stellt keinen Ersatz für eine individuelle medizinische Beratung dar und sollte auch nicht als solcher benutzt werden. Wenn Sie medizinischen Rat einholen wollen, konsultieren Sie bitte einen qualifizierten Arzt. Der Verlag und die Autorin haften für keine nachteiligen Auswirkungen, die in einem direkten oder indirekten Zusammenhang mit den Informationen stehen, die in diesem Buch enthalten sind.

1. Auflage 2020

Nymphenburger Straße 86
D-80636 München
Tel.: 089 651285-0
Fax: 089 652096

Dies ist eine Neuauflage des 2017 erschienenen Titels *Süßes und Desserts Low-Carb*.

Redaktion: Eva Siegmund
Umschlaggestaltung: Manuela Amode
Umschlagabbildungen: MariaKovaleva/Shutterstock.com, Karina Sowa, Ronja Pfuhl, Alphonsine Sabine/Shutterstock.com, Marish/Shutterstock.com
Satz: Satzwerk Huber, Germering; Andreas Linnemann, München
Druck: Florjancic Tisk d.o.o., Slowenien
Printed in the EU

ISBN Print 978-3-7423-0490-2
ISBN E-Book (PDF) 978-3-7453-0077-2
ISBN E-Book (EPUB, Mobi) 978-3-7453-0078-9

Weitere Informationen zum Verlag finden Sie unter
www.rivaverlag.de
Beachten Sie auch unsere weiteren Verlage unter www.m-vg.de

Inhalt

Vorwort

Die Ernährung auf gesunde Weise umstellen, überflüssige Pfunde verlieren und das ganz ohne Hungern und Kalorienzählen – was verlockend klingt, kann mit Low-Carb Wirklichkeit werden. Inzwischen schwören nicht mehr nur Ernährungsexperten und Fitnessfans auf die kohlenhydratreduzierte Ernährungsweise. Schließlich lassen sich kohlenhydratreiche Lebensmittel ganz leicht durch andere Speisen ersetzen, die unsere Ernährung gesünder ergänzen – und schon steigt das Fitnesslevel und die Pfunde purzeln. Doch einen Haken gab es bei Low-Carb bisher: Naschkatzen und Süßigkeitenfans mussten gänzlich auf ihre liebsten Naschereien verzichten. Schließlich enthalten Eis, Nachspeisen und Kuchen besonders viel Zucker oder werden durch das enthaltene Weizenmehl zur echten Kohlenhydratbombe. Doch damit ist jetzt Schluss! Wie auch Naschkatzen kohlenhydratarm und ganz ohne Zucker auf ihre Kosten kommen und sich die Vorteile der Low-Carb-Ernährung zunutze machen können, wird Ihnen dieses Buch zeigen. In allen Rezepten werden die beliebten Zuckerersatzstoffe Erythrit oder Xylit verwendet.

Die Low-Carb-Ernährung und ihre Vorteile

Ob zum Erbringen sportlicher Höchstleistungen oder um überflüssige Pfunde endlich loszuwerden – viele Ernährungs-Erfolgsgeschichten beginnen mit dem Umstieg auf Low-Carb. »Abnehmen ohne Hungern« oder »Fit ohne Verzicht« sind die Stichwörter, die Low-Carb für viele so interessant machen. Schließlich soll die Ernährungsmethode ganz ohne Hungern oder Kalorienzählen beim Abnehmen helfen und uns schlanker und fitter machen. Doch wie kann das überhaupt funktionieren?

Die Antwort auf diese Frage und die Begründung dafür, warum Low-Carb funktioniert, gibt uns die Funktionsweise des menschlichen Körpers: Wer Kohlenhydrate, beispielsweise in Form von Zucker oder Weizenmehl, konsumiert, sorgt dafür, dass es zu einer vermehrten Insulinausschüttung kommt und der Insulinspiegel entsprechend ansteigt. Insulin wiederum sorgt dafür, dass der Körper Nährstoffe, aber auch Nahrungskalorien besonders effektiv aufnehmen kann. Die aufgenommenen Kalorien werden nun entweder für Bewegung oder Wärmeerzeugung verwendet oder in Fettdepots eingelagert. Auch wenn dieser Mechanismus in Zeiten von Nahrungsknappheit einmal nützlich war, kommt er heute und in unseren Breiten nur noch den wenigsten Menschen zugute.

Davon abgesehen führen die rasche Insulinausschüttung und schnelle Nährstoffaufnahme beim Verzehr kohlenhydratreicher Lebensmittel auch dazu, dass der Blutzuckerspiegel nach dem Verzehr der entsprechenden Speise besonders schnell ansteigt, aber auch besonders schnell wieder abfällt. Die Konsequenz des rasanten Blutzuckerabfalls ist ein erneutes Hunger- oder sogar Heißhungergefühl. Wird dieses Hungergefühl nun wiederum mit einem kohlenhydratreichen Snack befriedigt, entsteht ein Hungerkreislauf, der häufig eine viel zu hohe Kalorienaufnahme mit sich bringt und so unschöne Speckröllchen wachsen lässt.

Entsprechend gilt: Weniger Insulin bedeutet eine geringere Energieaufnahme und somit auch weniger Fettdepots. Außerdem kann durch das gezielte Vermeiden einer Berg-und-Tal-Fahrt des Blutzuckerspiegels Heißhungerattacken vorgebeugt werden.

Wer seine Ernährung nun an Low-Carb ausrichten möchte, kann sich darüber hinaus auch ganz nebenbei die Vorteile einer proteinreichen Ernährung zunutze machen, indem er kohlenhydratreiche gegen proteinreiche Lebensmittel austauscht (schauen Sie dazu auch in das Buch *Eiweiß for fit*, riva Verlag, München 2016). Generell sollte für eine kohlenhydratarme Ernährung jedoch gelten:

- Finger weg von Zucker! Insbesondere auch von herkömmlicher Schokolade, Kuchen, Plätzchen und Co.
- Süße Limonade und Fruchtsäfte gehören nicht auf den Speiseplan!
- Brot, Brötchen, Kartoffelprodukte, Reis und aus herkömmlichem Mehl hergestellte Nahrungsmittel sollten vermieden werden.

Aber keine Panik: Auch im Rahmen einer Low-Carb-Ernährung muss nicht gänzlich auf Kohlenhydrate verzichtet werden. Wer ihre Gesamtmenge auf täglich etwa 70 bis 100 Gramm reduziert, wird schon bald sichtbare Erfolge verbuchen können. Allerdings ist es hierfür nötig, etwas genauer darauf zu achten, was wir täglich zu uns nehmen. Schließlich liegt die täglich konsumierte durchschnittliche Kohlenhydratmenge in unseren Breiten bei mehr als 200 Gramm pro Tag!

Zuckerfrei genießen statt für immer verzichten!

Eine kohlenhydratreiche Ernährung begünstigt die Entstehung überflüssiger Pfunde und hilft entsprechend auch nicht dabei, abzunehmen. Darüber hinaus fördert eine überhöhte Aufnahme einfacher Kohlenhydrate die Entstehung zahlreicher Krankheiten, kann sich negativ auf die Verdauung auswirken und dazu beitragen, dass wir uns schlapp und unfit fühlen. Entsprechend sollte bei der Zusammenstellung des täglichen Speiseplans bewusst auf besonders kohlenhydratreiche Lebensmittel verzichtet werden.

Eine Aufgabe, die gerade Süßigkeitenfans besonders schwerfallen dürfte. Im-

merhin enthalten Desserts, Schokolade, Gummibärchen und Co. besonders große Mengen an Zucker und anderen einfachen Kohlenhydraten. Letztere wiederum werden vom menschlichen Körper ebenfalls in Zucker umgewandelt und wirken sich genauso negativ auf Gewicht und Gesundheit aus. Leider ist es jedoch so, dass wir uns heute bereits daran gewöhnt haben, Zucker und andere Kohlenhydrate in großen Mengen zu uns zu nehmen. Entsprechend schwer fällt es, mit dieser Gewohnheit zu brechen. Die gute Nachricht ist jedoch: Auch wer sich Low-Carb ernährt, muss nicht auf Süßes verzichten. Schließlich lässt sich mit ein paar Tricks kohlenhydratarm schlemmen.

Grundlage hierfür ist selbstverständlich das Austauschen herkömmlichen Zuckers und anderer Back- und Süßspeisenzutaten gegen eine kohlenhydrat- und zuckerarme oder sogar -freie Alternative. Zuckeraustauschstoffe und Mehlalternativen sorgen dann dafür, dass es Süßspeisen, Desserts und Kuchen nicht an ihrem verführerisch-süßen Geschmack mangelt, die Leckereien aber gleichzeitig keine oder nur eine geringe Menge an Kohlenhydraten aufweisen.

Um herkömmlichen Zucker zu ersetzen, haben sich für Low-Carb-Süßigkeiten diese Zuckeraustauschstoffe bzw. Süßungsmittel als besonders praktisch erwiesen:

- Erythrit
- Xylit
- Stevia

Das hängt nicht nur damit zusammen, dass sie geschmacklich herkömmlichem Zucker besonders ähnlich sind. Sie verleihen zudem vielen Speisen ihre gewohnte oder eine anderweitig angenehme Konsistenz.

Zum natürlichen Süßen und für eine gesunde Ernährung besonders gut geeignet sind außerdem Kokosblütenzucker und Lucumapulver.

Clever gesüßt mit Zuckeralternativen

Herkömmlicher Zucker hat in der Low-Carb-Küche nichts zu suchen. Ohnehin essen wir davon viel mehr, als eigentlich gut für uns wäre: Durchschnittlich 100 Gramm – und das jeden Tag! Schließlich kommt Zucker in fast allen industriell verarbeiteten Lebensmitteln vor – selbst dann, wenn diese gar nicht süß schmecken. Grund genug, den eigenen Zuckerkonsum zu reduzieren und so Übergewicht und Diabetes vorzubeugen. Dafür, dass der Genuss dennoch nicht zu kurz kommt, sorgen die folgenden Zuckeralternativen, die auch in unseren Rezepten zum Einsatz kommen und sich besonders gut zum zuckerfreien Süßen eignen.

Xylit

Der Zuckeraustauschstoff ist auch unter dem Namen Xucker (www.xucker.de) oder Birkenzucker bekannt. In Gemüse, Obst und auch in Birkenrinde kommt Xylit als Zuckeralkohol vor und fördert außerdem die Zahngesundheit. Finnische Studien belegen, dass Xylit eine kariesvorbeugende Wirkung hat.

Genau wie Haushaltszucker ist Xylit als süßes weißes Pulver meist im Reformhaus oder im Internet erhältlich. Sein Geschmack ist dezent-natürlich und seine Süßkraft kommt normalem Zucker besonders nahe.

Als natürlicher Zuckeralkohol ist Xylit kein Süßstoff, sondern ein Zuckeraustauschstoff. Hierin liegt auch der wesentlichste Unterschied zu bekannten Süßstoffen: Zuckeraustauschstoffe kommen auch in der Natur vor, haben eine mit herkömmlichem Zucker vergleichbare Süßkraft und ungefähr halb so viele Kalorien (bei Xylit 236 kcal pro 100 Gramm), während synthetische Süßstoffe eine viel stärkere Süßkraft haben und oft kalorienfrei sind.

Obwohl Xylit zu 100 Prozent aus Kohlenhydraten besteht, können diese kaum verstoffwechselt werden und entsprechend auch kein Auf und Ab des Blutzuckerspiegels auslösen. So wird Xylit insbesondere zur echten Alternative für Diabetiker. Dennoch sollte das süße Pulver nur in Maßen genossen werden, da zu große Mengen leicht abführend wirken können. Wenn man vorher noch nie Xylit konsumiert hat, sollte man sich langsam herantasten. Dafür anfangs täglich 1 TL als Zuckerersatz in den Kaffee oder Tee geben und Rezepte mit geringen Xylit-Mengen ausprobieren.

Erythrit

Erythrit ist auch als Xucker light oder Sukrin bekannt und genau wie Xylit ein Zuckeralkohol. Erythrit kommt beispielsweise in Käse oder auch in Trauben vor. Obwohl der Zuckeraustauschstoff aus Kohlenhydraten besteht, hat Erythrit einen glykämischen Index von 0 und dementsprechend keine negativen Auswirkungen auf den Blutzuckerspiegel. Das macht die clevere Süße nicht nur für Diabetiker interessant, sie passt auch hervorragend zur Low-Carb-Ernährung. Genau wie Xylit erinnert

auch Erythrit geschmacklich sehr an herkömmlichen Zucker, hat aber eine etwas geringere Süßkraft als Xylit. Allerdings kann der Zuckeraustauschstoff mit nur 20 kcal auf 100 Gramm als Light-Version von Xylit angesehen werden. Obwohl auch Erythrit bei übermäßigem Konsum abführend wirken kann, ist die Zuckeralternative für die meisten Menschen gut verträglich.

Stevia

Stevia ist auch als Streusüße bekannt und wird aus der in Südamerika beheimateten Pflanze Stevia rebaudiana gewonnen. In seiner reinsten Form ist es als Steviapulver, mittlerweile aber auch als Tabletten oder Flüssigsüßungsmittel erhältlich. Ähnlich wie Xylit wirkt die pflanzliche Zuckeralternative ebenfalls der Kariesbildung entgegen. Anders als andere Zuckeraustauschstoffe ist Stevia komplett kalorienfrei und je nach Produktart 30- bis 400-mal süßer als Zucker. Gemeinsam haben Stevia, Xylit und Erythrit die Eigenschaft, den Blutzuckerspiegel unbeeinflusst zu lassen. Wird Stevia überdosiert, kann jedoch ein unangenehmer, lakritzartiger Geschmack entstehen.

Kokosblütenzucker

Kokosblütenzucker ist ein »echter« Zucker und kein Zuckeraustauschstoff. Er wird aus dem Nektar der Kokospalmenblüte hergestellt und ist aufgrund seines niedrigen glykämischen Indexes besonders beliebt. Obwohl es sich bei Kokosblütenzucker um ein natürliches, herkömmlichem Zucker besonders ähnliches Produkt handelt, lässt Kokosblütenzucker den Blutzuckerspiegel nur langsam ansteigen. Entsprechend bleiben das Auf und Ab des Blutzuckerspiegels sowie dessen negative Folgen aus und es kommt beispielsweise nicht zu tückischen Heißhungerattacken. Darüber hinaus ist Kokosblütenzucker besonders nährstoffreich und liefert eine gesunde Extraportion Magnesium, Eisen und Zink. Dank seines leicht karamelligen Geschmacks und bezüglich seiner Süßkraft kann Kokosblütenzucker braunem Zucker gleichgesetzt werden. 100 Gramm Kokosblütenzucker liefern übrigens etwa 380 Kalorien.

Lucumapulver

Die Lucumafrucht stammt aus den Anden und ist insbesondere in Peru aufgrund ihres herrlich süßen Geschmacks besonders beliebt. Die subtropische Frucht zeichnet sich neben ihrem Geschmack auch durch ihren niedrigen glykämischen Index und eine Fülle von Antioxidantien aus. Reich an B-Vitaminen, Kalzium, Eisen, Kalium und Ballaststoffen ist sie nicht nur besonders gut zum Süßen geeignet, sondern verleiht Desserts und Süßspeisen auch eine cremige Konsistenz. Aufgrund seiner antioxidativen Wirkung gilt Lucumapulver außerdem als Heilmittel und sorgt bei regelmäßigem Verzehr für schöne, gesunde und strahlende Haut. 100 Gramm der zu Pulver verarbeiteten Lucumafrucht liefern etwa 330 Kalorien und sind bezüglich ihrer Süßkraft etwa mit raffiniertem Zucker vergleichbar.

Zuckeralternativen-Übersicht

	Xylit	Erythrit	Stevia	Kokosblüten-zucker	Lucuma
Auch bekannt als	Xucker oder Birkenzucker	Xucker light, Sukrin	Streusüße, Honigblatt		
Form	Kristalle, wie raffinierter Zucker	Kristalle, wie raffinierter Zucker	Pulver, Tabletten, Flüssigsüße	Kristalle, wie brauner Zucker	Pulver
Süßkraft	In etwa wie herkömmlicher Zucker	Ca. 75 % Süßkraft wie Zucker	Je nach Produktart 30- bis 400-mal süßer als Zucker	Etwas geringere Süßkraft als brauner Zucker, aber vergleichbares Aroma	Etwas geringer als herkömmlicher Zucker
Kalorien	Ca. 236 kcal/ 100 g	Ca. 20 kcal/ 100 g	0 kcal	Ca. 380 kcal/ 100 g	Ca. 330 kcal/ 100 g
Vorteile	Schützt aktiv vor Karies, wird kaum verstoffwechselt	Vergleichbar mit Xylit, aber weniger erforscht	Rohkost-geeignet, kalorienfrei	Niedriger glykämischer Index, reich an Antioxidantien, Vitaminen und Mineralien, karamelliger Geschmack	Niedriger glykämischer Index, reich an Ballast- und Nährstoffen, verleiht Speisen eine cremige Konsistenz

Zucker clever ersetzen

Wer Zucker im Alltag oder in seinen Lieblingsrezepten durch gesündere Süße ersetzen möchte, kann sich an folgende Richtwerte halten:

Stevia-Streusüße	Xylit	Erythrit	Stevia-Flüssigsüße	Stevia-tabletten	Steviapulver
Zucker kann 1:1 ersetzt werden. Ein TL Streusüße ersetzt einen TL (etwa 5 Gramm) Zucker	Zucker kann 1:1 ersetzt werden. Ein TL Xylit ersetzt einen TL Zucker.	130 g Erythrit ersetzen ca. 100 g Zucker.	Achtung! Hohe Süßkraft. Ein TL Flüssigsüße ersetzt 200 Gramm Zucker.	Eine Steviatablette ersetzt etwa 3 bis 5 Gramm Zucker. Das entspricht etwas weniger als einem TL.	Achtung! Hohe Süßkraft. ½ TL reines Steviapulver ersetzt 220 Gramm Zucker!

Kokosblütenzucker und Lucumapulver können Zucker prinzipiell ebenfalls 1:1 ersetzen. Da es sich bei beiden Süßungsmitteln aber um absolut naturbelassene Produkte handelt, kann ihre Süßkraft schon einmal etwas variieren. Süßspeisen daher lieber noch einmal probieren und bei Bedarf leicht nachsüßen.

Zuckeralternativen, GI und GL

Bei der Auswahl der Zuckeralternativen ist es wichtig, auf die Auswirkungen der Produkte auf den Blutzuckerspiegel zu achten. Das wird mit den Begriffen glykämischer Index (GI) und glykämische Last (GL) angezeigt. Beide Werte geben prinzipiell Auskunft darüber, wie stark der Blutzuckerspiegel nach dem Verzehr eines bestimmten Lebensmittels ansteigt. Ein starker Anstieg des Blutzuckerspiegels führt wiederum zur vermehrten Ausschüttung von Insulin und fördert Übergewicht und Heißhunger.

Zur Bestimmung des GI wird gemessen, welche Auswirkungen 50 Gramm der im Lebensmittel enthaltenen Kohlenhydrate auf den Organismus haben. Die Kohlenhydratdichte im Lebensmittel wird aber nicht berücksichtigt. Das bedeutet wiederum, dass das Lebensmittel trotz niedrigem GI einen besonders hohen Kohlenhydratanteil aufweisen kann. Die GL hingegen berücksichtigt die Kohlenhydratdichte des Lebensmittels insgesamt und auch den GI des Lebensmittels.

Als Maßstab gilt dabei generell:

Eine GL von 0 bis 10 ist als niedrig, von 11 bis 19 als mittelmäßig und eine GL von über 20 als hoch anzusehen.

In Bezug auf den glykämischen Index kann ein Wert unter 50 als niedrig, von 50 bis 70 als mittel und ein Wert von über 70 als hoch angesehen werden.

Der glykämische Index von Zuckeralternativen im Vergleich:

	Haushaltszucker	Xylit	Erythrit	Stevia	Kokosblütenzucker	Lucuma
Glykämischer Index	68	8-12	0	0	35	25

Die Zuckeralternativen – Natur pur oder künstliche Süße?

Bei Xylit und Erythrit handelt es sich prinzipiell um in der Natur vorkommende Zuckeralkohole. Sowohl in Pflanzen als auch innerhalb des menschlichen Zuckerstoffwechsels kommen beide Stoffe vor – entsprechend kann der Organismus diese Stoffe im Gegensatz zu synthetischen Süßstoffen auch erkennen und sinnvoll verwerten. Was die Herstellung und Qualität von Xylit und Erythrit angeht, gibt es jedoch einige Details zu beachten.

Xylit wurde ursprünglich aus Baumrinde gewonnen. Aufgrund der gesteigerten Nachfrage nach der gesunden Zuckeralternative ist diese Herstellungsweise heute jedoch nicht mehr ausschließlich umsetzbar und so wird auf alternative Produktionsverfahren zurückgegriffen.

Überwiegend wird Xylit heute aus Bestandteilen von Harthölzern oder aus Mais gewonnen. Durch das Mischen der Pflanzenbestandteile von Eiche, Esche, Birke oder Buche können die Holzzuckermoleküle gelöst und später durch aufwendige Filter- und Reinigungsprozesse isoliert werden. Auf diese Weise kann ein besonders reines und natürliches Zuckeraustauschmittel entstehen. Alternativ kann Xylit auch industriell aus Glukose hergestellt werden, die aus Maisstärke stammt. Wie auch im menschlichen Körper selbst wird Glukose bei diesem Prozess mithilfe bestimmter Enzyme in Xylit umgewandelt. Problematisch hierbei ist, dass die Maisstärke, welche den Ausgangsstoff der Xylit-Herstellung bildet, durchaus auch gentechnisch verändert sein kann. Eine weitere Herstellungsmöglichkeit besteht darüber hinaus in der Gewinnung von Xylit direkt aus gentechnisch veränderten Bakterien, deren einzige Aufgabe die Xylit-Herstellung ist. Allerdings ist anzumerken, dass die Herstellung des Zuckeraustauschstoffes aus gentechnisch verändertem Mais oder Bakterien in Europa weit weniger üblich ist als beispielsweise in den USA. Trotzdem ist es ratsam, besonders genau auf Bio-Qualität und Ursprungsland des Produkts zu achten. Generell wird bei der Herstellung zertifizierter Bio-Produkte auf gentechnisch veränderte Rohstoffe und Organismen verzichtet und man kann sich darauf verlassen, ein reines und besonders natürliches Produkt zu genießen.

Übrigens: Gerade in Finnland produziertes Xylit steht weltweit für höchste Reinheit, Qualität und Nachhaltigkeit bei der Herstellung. Grundsätzlich erfolgt die Herstellung in Finnland auf Hartholzbasis und kommt ohne den Einsatz von Maisstärke oder speziellen Bakterien aus.

Auch Erythrit ist ein natürlicher Zuckeralkohol. Erythrit ist beispielsweise in Käse, Weintrauben und Wassermelonen zu finden und synthetischen Süßstoffen daher ebenfalls überlegen. Um Erythrit herzustellen, wird heute auf komplexe Fermentations-, also Vergärungsprozesse, zurückgegriffen. Hierbei verstoffwechseln spezielle Hefepilzkulturen Glukose und lassen so Erythrit entstehen. Das so entstandene Produkt wird im Anschluss gereinigt, kristallisiert und später getrocknet, sodass dem Haushaltszucker vergleichbare Erythrit-Kristalle gewonnen werden können. Insgesamt kann der Vorgang mit der Herstellung von Bier oder Wein verglichen werden.

Steviapulver, Flüssigsüße und andere Steviaprodukte werden aus der im Idealfall unbehandelten Steviapflanze gewonnen. Hierzu wird die grüne Pflanze getrocknet und anschließend zerkleinert. Durch die Zugabe von Wasser oder Alkohol werden die Steviolglycoside (die süßen Partikel) aus den zerkleinerten Pflanzenteilen gelöst, gereinigt und durch Trocknen zu Steviapulver oder anderen Steviaprodukten weiterverarbeitet.

Kokosblütenzucker: Gerade der karamellig-vanillige Kokosblütenzucker ist bei uns besonders oft als Bio- oder Fair-Trade-Produkt zu finden. Arbeitsintensiv, aber besonders natürlich wird er aus den Blüten der Kokosnusspalme gewonnen. Dazu werden die Blüten der Palme angeritzt, bevor sie Früchte tragen. Der austretende Nektar wird nun aufgefangen und zu Zuckerblöcken getrocknet. Diese Zuckerblöcke können anschließend zu feinem Kokosblütenzucker gemahlen und wunderbar zum Süßen verwendet werden.

Auch Lucumapulver ist in unseren Breiten besonders häufig als traditionell hergestelltes Naturprodukt zu finden. Die gelbe Frucht des Lucumabaums, die etwa die Konsistenz eines hart gekochten Eigelbs aufweist, wird bei niedrigen Temperaturen getrocknet und anschließend zu einem feinen Pulver zermahlen.

Immer wieder taucht die Frage auf, ob gerade Xylit, Erythrit und Stevia tatsächlich als natürliche Produkte anzusehen sind. Schließlich werden gerade Zuckeraustauschstoffe aufgrund der steigenden Nachfrage industriell und relativ aufwendig hergestellt.

Unstrittig ist: Xylit und Erythrit sind natürliche Zuckeralkohole, die unser Körper im Gegensatz zu synthetischen Süßstoffen nicht nur selbst herstellen, sondern auch erkennen und sinnvoll verstoffwechseln kann. Daran ändert auch die Herstellung durch Fermentation bzw. die Extraktion aus Harthölzern nichts. Stevia hingegen ist unstreitig ein Naturprodukt, das direkt aus den Pflanzenteilen der Steviapflanze gewonnen wird. Selbstverständlich sind alle drei Herstellungsprozesse mittlerweile industrialisiert und der gesteigerten Nachfrage angepasst worden. Das ändert jedoch nichts daran, dass der Herstellungsprozess aller drei Zuckeralternativen immer noch als um ein Vielfaches natürlicher angesehen werden kann als die Herstellung von herkömmlichem Haushaltszucker. Bei dessen Gewinnung aus Zuckerrüben wird dem Zuckerrübenrohsaft nicht nur eine Vielzahl anderer Substanzen (wie beispielsweise Kalk) hinzugefügt, auch können erwiesenermaßen nur etwa 35 Prozent der im Rohsaft enthaltenen verunreinigenden Stoffe entfernt werden. Allein diese Tatsache macht nachdenklich und lässt Zuckeraustauschstoffe umso attraktiver werden.

! **Wichtig für Tierbesitzer!**
Obwohl die Zuckeraustauschstoffe Xylit und Erythrit auch in der Natur vorkommen und in Bio-Qualität erhältlich sind, sind sie dennoch für Hunde und Ziegen ungeeignet. Bei diesen Tieren können Xylit- und Erythrit-Produkte eine Insulinausschüttung provozieren und der Blutzuckerspiegel kann übermäßig gesenkt werden. Deshalb sollten diese Tiere auf keinen Fall die mit den Zuckeraustauschstoffen hergestellten Gerichte kosten!

Zuckeraustauschstoffe – Süße mit Nebenwirkung?

Besonders häufig werden die Zuckeraustauschstoffe Xylit, Erythrit und Stevia

mit synthetischen Süßstoffen verwechselt und machen einigen Menschen darum regelrecht Angst. Zugegeben, auch Süßstoffe werden zur Gruppe der Zuckeraustauschstoffe gezählt, es gibt aber entscheidende Unterschiede:
Süßstoffe werden synthetisch oder aus naturbasierten Stoffen hergestellt, liefern keine oder kaum Kalorien und sind um ein Vielfaches süßer als Zucker. Da sie den Insulin- und Blutzuckerspiegel nicht beeinflussen, sind sie gerade für Diabetiker attraktiv. Besonders beliebte Süßstoffe sind:

- Aspartam
- Cyclamat
- Saccharin

Süßstoffe sind aber oft gesundheitlich nicht unbedenklich. Gerade Aspartam besteht aus einem Cocktail verschiedener Chemikalien. So bestätigte das Department of Health and Human Services bereits 1994, dass 90 verschiedene Krankheitssymptome von Aspartam ausgelöst werden können.
Das in Europa als Süßungsmittel zugelassene Cyclamat ist in den USA bereits seit 1970 verboten und steht im Verdacht, insbesondere Blasenkrebs zu begünstigen. Auch zu den durch Saccharin ausgelösten Gesundheitsgefahren wurden zahlreiche Studien mit teils unklaren Ergebnissen durchgeführt.
Kein Wunder also, dass viele Menschen Zuckeraustauschstoffen gegenüber skeptisch sind. Aber:
Die in unseren Rezepten verwendeten Zuckeraustauschstoffe dürfen **nicht**

mit den synthetischen und teilweise bedenklichen Süßstoffen verwechselt werden!
Unter dem Begriff des Zuckeraustauschstoffs versteht man die süß schmeckenden Zuckeralkohole Erythrit und Xylit – Stevia gehört also genau genommen nicht dazu und ist ein Süßungsmittel eigener Art. Zuckeralkohole kommen auch in der Natur vor und werden nicht synthetisch hergestellt. Obwohl gerade in Bezug auf Stevia immer wieder gesundheitliche Bedenken aufkamen, konnten tatsächliche Negativwirkungen in zahlreichen Studien nicht nachgewiesen werden. Zu beachten ist allerdings: Zuckeraustauschstoffe liefern, anders als Süßstoffe, Energie und müssen von Diabetikern in die Brennwertberechnung einbezogen werden. Außerdem werden Xylit und Erythrit vom Dünndarm fast nicht aufgenommen und können daher im Dickdarm Wasser binden. Bei übermäßigem Konsum oder einem besonders empfindlichen Darm kann das zu Blähungen oder Durchfall führen. Bezüglich der täglich zu konsumierenden Höchstmenge an

Xylit und Erythrit gibt es keine einheitlich festgelegten Werte.

In Bezug auf Xylit wird jedoch eine Höchstmenge von 50 Gramm täglich, für Erythrit 1 Gramm pro Kilogramm Körpergewicht als nicht verdauungsbeeinflussend genannt.

Für Stevia hingegen liegt die empfohlene Höchstmenge pro Tag bei 4 Milligramm reinen Steviolglycosids pro Kilogramm Körpergewicht. Anders ausgedrückt: Ein 70 Kilogramm schwerer Erwachsener sollte maximal 840 Milligramm Steviolglycoside pro Tag zu sich nehmen. Das entspricht der Süßkraft von etwa 252 Gramm Zucker.

Was Lucumapulver und Kokosblütenzucker betrifft, gibt es keine generelle Höchstmengenempfehlung. Auch eine abführende oder blähende Wirkung bleibt hier sogar bei übermäßigem Konsum aus. Zu beachten ist natürlich, dass beide Süßungsmittel, anders als Erythrit und Stevia, recht große Mengen an Energie liefern. Obwohl beide Lebensmittel den Blutzuckerspiegel nur sehr langsam ansteigen lassen und keine Heißhungerattacken provozieren, liefern sie viele Kalorien – was im Rahmen einer Diät natürlich nur bedingt hilfreich ist.

Dass Lucuma und Kokosblütenzucker keine unerwünschten Auswirkungen auf unsere Verdauung haben, hängt auch damit zusammen, dass diese Produkte »normalem« Zucker am ähnlichsten sind und wir uns an dessen negative Auswirkungen auf unseren Organismus unser ganzes Leben lang gewöhnt haben. Oft beginnt dieser Gewöhnungsprozess schon im Kleinkindalter, wenn Kinder gesüßten Tee, Fruchtsaft oder Limonade von ihren Eltern zu trinken bekommen. Würde eine Person, die niemals raffinierten Zucker konsumiert hat und Süße nur aus Früchten oder Honig kennt, plötzlich täglich rund 24 Teelöffel raffinierten Zucker zu sich nehmen – was dem durchschnittlichen Zuckerkonsum in Deutschland entspricht – wären auch hier Nebenwirkungen vorprogrammiert.

Entsprechend lassen sich die »Nebenwirkungen« der Zuckeraustauschstoffe eher als natürliche Nebenerscheinung ansehen, weil wir an diese Stoffe noch nicht so gewöhnt sind wie an Haushaltszucker.

Übrigens: Die WHO empfiehlt, täglich maximal 6 Teelöffel raffinierten Zucker zu verzehren! Mit einem Durchschnittsverzehr von 24 Teelöffeln liegen die Deutschen jedoch weit über dieser Empfehlung. Um Übergewicht, Diabetes und anderen Krankheiten Einhalt zu gebieten, ist es darum durchaus sinnvoll, den eigenen Zuckerkonsum zu überdenken. Schließlich nimmt jeder Deutsche über Süßigkeiten, Fertiggerichte mit Zuckerzusatz, Limonade und viele andere Lebensmittel rund 35 Kilogramm Zucker pro Jahr zu sich! Im Vergleich dazu: 1874 waren es noch 6,2 Kilogramm pro Jahr. Überträgt man den Anstieg des Zuckerkonsums auf eine andere Maßeinheit, würde das etwa Folgendes bedeuten: Wäre unsere durchschnittliche Körpergröße im selben Verhältnis gewachsen wie unser Zuckerkonsum, wären deutsche Männer heute im Durchschnitt 9,39 Meter groß.

Die Mischung macht's – wie sich Stevia, Xylit und Erythrit ergänzen

Wer sich nach dem Lesen der vorherigen Kapitel fragt, für welches Süßungsmittel er sich entscheiden soll, der erhält eine einfache Antwort: ausprobieren!

Das hat nicht etwa damit zu tun, dass so die Wirtschaft am effektivsten angekurbelt werden kann, sondern liegt in den geschmacklichen Eigenschaften von Xylit und Co. begründet. Zwar kommen die Produkte »echtem« Zucker geschmacklich teilweise sehr nahe, ganz identisch sind sie aber nicht. Darum gilt: Die Mischung macht's! Und gerade wenn es um süße Naschereien geht, will schließlich kaum jemand geschmackliche Kompromisse eingehen, oder?

Stevia, Xylit und Erythrit ergänzen sich geschmacklich optimal und werden in einigen Rezepten zusammen verwendet. Das hängt damit zusammen, dass jedes einzelne Süßungsmittel nur bestimmte Geschmackszentren auf der menschlichen Zunge anspricht. Werden alle drei Süßungsmittel gemeinsam verwendet, entsteht nicht nur ein noch süßeres Geschmackserlebnis, sondern auch ein besonders rundes, harmonisches »Geschmacksbild«, das im Ergebnis vom Geschmack herkömmlichen Zuckers quasi nicht mehr zu unterscheiden ist.

Wer jedoch nicht direkt in alle drei Produkte investieren und sich trotzdem einmal an zuckerfreien Leckereien versuchen will, fängt am besten mit Erythrit als »Grundausstattung« an. Das in vielen Rezepten enthaltene Xylit kann problemlos durch Erythrit ersetzt werden. Man sollte dabei allerdings beachten, dass Erythrit eine etwas geringere Süßkraft hat. Evtl. muss man also noch etwas Erythrit hinzufügen, um die gewünschte Süße zu erreichen. Steviapulver kann etwa im Verhältnis 1:5 oder 1:10 ersetzt werden (hier besser mit weniger beginnen, da die Süßkraft je nach Produkt variiert).

Der alleinige Einsatz von Steviapulver erscheint weniger sinnvoll. Nicht nur ist hier die Umrechnung aufgrund der stärkeren Süßkraft recht kompliziert, auch weist Stevia von allen drei Produkten den deutlichsten Eigengeschmack auf, der eventuell auch in Gebäck oder Dessert herauszuschmecken ist.

Andere Süßungsmittel durch Erythrit ersetzen – so geht's:

Xylit	**Steviapulver**	**Kokosblütenzucker**
130 g Erythrit entsprechen ca. 100 g Xylith – die Süßkraft von Erythrit ist etwas geringer als die von Xylit. Abschmecken nicht vergessen.	Kann je nach Produkt 1:5 oder 1:10 ersetzt werden	Kann 1:1 ersetzt werden

Backen ohne Weizenmehl? Wo kommt denn da der Kuchen her?

Herkömmlicher, raffinierter Zucker in Kuchen, Desserts und Süßspeisen lässt sich also sehr gut durch andere Süßungsmittel ersetzen. Aber Backen ohne Mehl? Da hört der Spaß ja wohl auf! Schließlich kann man doch, zumindest wenn es um Kuchen geht, auf Mehl wohl kaum verzichten?!

Stimmt! Allerdings muss Mehl längst nicht mehr aus einfachen, den Blutzucker rasant erhöhenden Kohlenhydraten bestehen, wie das bei herkömmlichem Weizenmehl der Fall ist. Schließlich gibt es auch hier viele gesunde und besonders leckere Alternativen.

Normalerweise ist Weizenmehl Hauptzutat von Gebäck und Kuchen aller Art. Bei einer bewusst kohlenhydratarmen Ernährung hat herkömmliches Mehl jedoch nichts auf dem Speiseplan verloren. Wem es weniger um Kohlenhydrate, sondern im Wesentlichen um eine gesündere Ernährung geht, könnte als Alternative zu Weißmehl nun auf Vollkornmehl zurückgreifen. Gebäck erhält so nicht nur einen kräftigeren Geschmack, sondern auch eine Extraportion an Ballaststoffen, Mineralien und komplexen Kohlenhydraten, die lange satt machen und den Blutzuckerspiegel viel langsamer ansteigen lassen als herkömmliches Weißmehl. Eine gesündere Alternative ist das allemal – aber eben nicht Low-Carb. Aus diesem Grunde greifen wir für unser Gebäck unter anderem zu Nussmehlen, die für eine Low-Carb-Ernährung wesentlich besser geeignet sind. Schließlich enthalten Nussmehle besonders viel wertvolles Eiweiß und oft bis zu 90 Prozent weniger Kohlenhydrate als Weizenmehl. In vielen Rezepten kommen auch gemahlene Nüsse zum Einsatz, die zwar mehr Fett enthalten als Nussmehl, dafür aber auch um ein Vielfaches günstiger sind. Übrigens: Durch das Ersetzen herkömmlichen Weizenmehls durch gesunde Mehlalternativen wird unser Low-Carb-Gebäck auch zum idealen Proteinlieferanten für Sportler mit erhöhtem Eiweißbedarf!

Besonders leckere und gesunde Mehlalternativen für Low-Carb-Gebäck sind:

- Mandelmehl
- Kokosmehl
- Sojamehl
- Kichererbsenmehl
- Süßlupinenmehl

Mandelmehl

Mandelmehl ist nicht nur aromatisch, sondern auch besonders reich an Nährstoffen. Zudem ist es kohlenhydratarm und auch für eine glutenfreie Ernährung bestens geeignet. Aber aufgepasst: Mandelmehl darf nicht mit gemahlenen Mandeln verwechselt werden! Diese können als Bestandteil vieler Rezepte zwar auch zum Backen verwendet werden, haben aber ein anderes Backverhalten als echtes Mandelmehl. Das liegt nicht zuletzt daran, dass gemahlene Mandeln wesentlich mehr Fett enthal-

ten als Mandelmehl. Das in Rezepten enthaltene Mandelmehl kann darum nicht einfach gegen gemahlene Mandeln ausgetauscht werden!

Echtes Mandelmehl wird aus geschälten, entölten, getrockneten und fein gemahlenen Mandeln gewonnen und hat einen dezenten, aber typischen Mandelgeschmack. Mit nur 4 Gramm Kohlenhydraten pro 100 Gramm eignet es sich für alle Arten von Gebäck und macht es besonderes einfach, herkömmliches Mehl zu ersetzen. Es kann in Rezepten, in denen keine Hefe zum Einsatz kommt, Weizenmehl komplett ersetzen. In Rezepten, die Hefe enthalten, können bis zu 25 Prozent des Weizenmehls durch Mandelmehl ersetzt werden. Aber: Mandelmehl hat ein größeres Volumen als Weizenmehl. Es ist darum ausreichend, 100 Gramm Weizenmehl durch 50 Gramm Mandelmehl zu ersetzen. Übrigens: Mandelmehl kann man auch prima selber herstellen. Aber dazu später mehr.

Kokosmehl

Auch bei Kokosmehl kann es leicht zu Verwechslungen kommen: Kokosmehl ist beim Kochen und Backen von Kokosflocken zu unterscheiden! Diese sind zwar für viele Rezepte prima geeignet, weisen aber ebenfalls nicht die gleichen Backeigenschaften auf wie Kokosmehl. Echtes Kokosmehl ist ein sehr feines weißes Pulver, etwa vergleichbar mit normalem Weizenmehl. Der Unterschied zu Kokosflocken liegt auch hier im geringeren Fettgehalt des Kokosmehls. Ähnlich wie Mandelmehl wird auch Kokosmehl durch Entölen, Trocknen und feines Mahlen des Kokosfruchtfleisches hergestellt. Durch seinen exotisch-süßlichen Geschmack ist das Mehl besonders gut für Gebäck und Desserts geeignet und ebenfalls glutenfrei. 100 Gramm Kokosmehl liefern nur 16 Gramm Kohlenhydrate, versorgen gleichzeitig aber mit wertvollen Ballaststoffen und Proteinen. Wer Weizenmehl gegen Kokosmehl austauschen möchte, muss allerdings darauf achten, mehr

Flüssigkeit zu verwenden. Obwohl Kokosmehl glutenfrei ist, bindet es Flüssigkeit sehr stark, sodass das Backwerk leicht zu trocken gerät! Auch sollten in klassischen Weizenmehlrezepten nicht mehr als 25 Prozent des Mehls gegen Kokosmehl ausgetauscht werden. Dabei gilt: 40 Gramm Kokosmehl reichen aus, um 100 Gramm Weizenmehl zu ersetzen.

Sojamehl

Sojamehl enthält nicht nur viele Vitamine und Mineralien, sondern soll auch das Brustkrebsrisiko senken und die Nierenfunktion stärken.

Das Mehl aus geschälten, gerösteten und gemahlenen Sojabohnen ist leicht nussig im Geschmack und begeistert mit seinem außergewöhnlich hohen Proteingehalt. Das glutenfreie Mehl enthält in seiner Vollfett-Version etwa 20 Prozent Fett und 40 Prozent Protein. Das entfettete Mehl hingegen enthält nur 1 Prozent Fett und 50 Prozent Protein. Mit nur ca. 3 Gramm Kohlenhydraten auf 100 Gramm ist Sojamehl außerdem perfekt für die Low-Carb-Ernährung geeignet. In Brot-, Kuchen- und Dessertrezepten können etwa 20 Prozent des Weizenmehls durch Sojamehl ersetzt werden. 100 Gramm Weizenmehl können dabei gegen 75 Gramm Sojamehl ausgetauscht werden.

Kichererbsenmehl

Das aus gerösteten und fein gemahlenen Kichererbsen hergestellte Mehl begeistert nicht nur mit seinem nussigen Geschmack, sondern auch mit vielen Proteinen, Vitaminen und Mineralstoffen. Glutenfrei, reich an Ballaststoffen, mit hochwertigen Aminosäuren sowie mit Magnesium, Eisen, Zink und Folsäure bereichert es süße wie herzhafte Rezepte. Pro 100 Gramm enthält das glutenfreie Kichererbsenmehl 43 Gramm Kohlenhydrate. Beim Backen können etwa 20 Prozent des Weizenmehls durch Kichererbsenmehl ersetzt werden. 75 Gramm Kichererbsenmehl ersetzen dabei 100 Gramm Weizenmehl.

Süßlupinenmehl

Wenige Kohlenhydrate und eine Extraportion gesundes Eiweiß liefert auch das Mehl aus den Samen der Süßlupine. Die enthaltenen essenziellen Aminosäuren sorgen für ein starkes Immunsystem, kräftige Muskeln und unterstützen darüber hinaus beim Abnehmen. Gleichzeitig liefert das süßlich-nussige Mehl aber nur rund 10 Gramm Kohlenhydrate pro 100 Gramm. Cholesterinfrei und reich an Antioxidantien, ersetzt das Süßlupinenmehl bis zu 15 Prozent des herkömmlichen Weizenmehls in Back- und Kochrezepten. Das ist besonders unkompliziert, da 100 Gramm Süßlupinenmehl anstelle von 100 Gramm Weizenmehl verwendet werden können. Viele Rezepte mit Süßlupine finden Sie im Buch *Vegan kochen mit Lupine*, riva Verlag, München 2016.

Weizenmehl ersetzen – so geht's!

100 Gramm Weizenmehl können ersetzt werden durch:

Mandelmehl	Kokosmehl	Sojamehl	Kichererbsenmehl	Süßlupinenmehl
50 Gramm	40 Gramm	75 Gramm	75 Gramm	100 Gramm

Hinweis: Bitte allerdings die ausführlichen Hinweise zu den Backeigenschaften der jeweiligen Mehle in den vorherigen Abschnitten beachten. Man kann nicht immer einfach 100 Prozent des Weizenmehls ersetzen!

Die Kohlenhydrate im Blick

Herkömmliches Weizenmehl, das in den meisten Standardrezepten verwendet wird, enthält pro 100 Gramm rund 71 Gramm Kohlenhydrate! Das ist eine ganze Menge, die man aber gezielt ersetzen kann. So können auch altbekannte Lieblingsrezepte Low-Carb-tauglich gemacht und jede Menge Kohlenhydrate eingespart werden.

Die Tabelle zeigt, welche Kohlenhydratmengen 100 Gramm der gesunden »Ersatzmehle« liefern:

Kokosmehl	Mandelmehl	Sojamehl	Kichererbsenmehl	Süßlupinenmehl
17 Gramm Kohlenhydrate	4 bis 6 Gramm Kohlenhydrate	3 Gramm Kohlenhydrate	43 bis 50 Gramm Kohlenhydrate	10 Gramm Kohlenhydrate

Nussmehle und Diät?!

Nüsse sind zu fett und haben viele Kalorien. Auf dem Diätspeiseplan haben sie darum nichts verloren. Klingt logisch – stimmt aber nicht!

Nüsse und Nussmehl machen nicht nur gesund, sie können auch das Abnehmen unterstützen!

Sogar eine Studie der Maastricht University zeigt, dass Menschen, die Nüsse aktiv in ihre Ernährung einbauen, von beeindruckenden Gesundheitsvorteilen profitieren. Im Rahmen der Studie wurden 120.000 Niederländer zu ihrem Essverhalten befragt und ärztlich untersucht. Nach 10 Jahren zeigte sich: Menschen, die regelmäßig Nüsse verzehren,

- haben ein geringeres Sterberisiko,
- leiden seltener an Erkrankungen des Nervensystems,
- leiden seltener unter Atemwegserkrankungen
- und erkranken seltener an Diabetes,

Der positive Effekt auf unsere Gesundheit dürfte dabei insbesondere auf den hohen Vitamingehalt, den Reichtum an Antioxidantien und ungesättigten Fettsäuren sowie den cholesterinspiegelsenkenden Effekt der leckeren Kerne zurückzuführen sein.

Außerdem können Nüsse, in Maßen genossen, sogar beim Abnehmen helfen. Ob als Nussmehl oder leckere Knabberei halten sie lange satt und ihre wertvollen Fettsäuren bringen den Fettstoffwechsel in Schwung. Gemeinsam mit einer kohlenhydratarmen Ernährung bringen die leckeren Kerne Fettreserven noch schneller zum Schmelzen.

Tatsächlich haben Nüsse jedoch relativ viele Kalorien und sollten daher maßvoll genossen werden. Sieht man sich die Nährwerte von Nuss- und Weizenmehl einmal genauer an, wird man erkennen, dass entölte Nussmehle meist etwa vergleichbar viele Kalorien liefern wie Weizenmehl. Entsprechend ist mit Nussmehlen zubereitetes Gebäck nicht zwingend gehaltvoller, sollte aber dennoch nicht im Übermaß gegessen werden – allerdings gilt das ja für fast alle Süßigkeiten und Leckereien.

Proteinpulver statt Mehl?

Eine weitere Möglichkeit, Kohlenhydrate vom Speiseplan zu verbannen, eine Extraportion an wichtigen Proteinen zu genießen, auf die Kalorienbilanz zu achten und gleichzeitig lecker zu schlemmen, ist Proteinpulver! Schon als Shake zubereitet halten die Pulver, die es in vielen verführerischen Geschmacksrichtungen gibt, lange satt und liefern gleichzeitig nur wenige Kohlenhydrate. Je nach Produkt hat Proteinpulver oft auch deutlich weniger Kalorien als Weizenmehl. Aber wie hilft Proteinpulver beim Backen weiter?

Ganz einfach: als Mehlersatz! Davon abgesehen, dass sich Proteinpulver ganz hervorragend zur Zubereitung von Cremes und anderen Süßspeisen eignen, können sie auch als Mehlersatz in Kuchen und Gebäck zum Einsatz kommen. Schließlich bereichern Proteinpulver Backwaren mit z. B. 80 Gramm Protein auf 100 Gramm Pulver und enthalten nur rund 8 Gramm Kohlenhydrate. 100 Gramm herkömmliches Weizenmehl hingegen liefern ganze 70 Gramm Kohlenhydrate und enthalten nur rund 10 Gramm an Eiweiß. Darauf achten sollte man jedoch, auch hier zu einer zuckerfreien Pulveralternative zu greifen!

Allerdings sollte das Mehl in Muffins, Kuchen und Co. nicht vollständig durch Proteinpulver ersetzt werden. Schließlich bindet Proteinpulver Speisen weniger gut als Weizenmehl und das Backwerk kann außerdem schnell zu trocken geraten. Sinnvoll ist es darum, Proteinpulver als Mehlersatz mit anderen Low-Carb-Mehlen und »feuchthaltenden Zutaten« wie Eiern, Quark oder Apfelmus zu kombinieren. Wer beim Backen mit Proteinpulver gerne etwas experimentieren möchte, sollte sich langsam an das richtige Mischungsverhältnis herantasten und nicht mehr als die Hälfte des Mehls durch Proteinpulver ersetzen (schauen Sie dazu auch in das Buch *Eiweiß for fit*, riva Verlag, München 2016).

Weitere Lebensmittel für die süße Low-Carb-Küche

Erdnussbutter und Mandelmus – leckere Powerspender

Erdnussbutter und Mandelmus sind nicht nur besonders lecker und auch bei uns als Brotaufstrich beliebt, sie kommen auch besonders oft in unseren Rezepten zum Einsatz. Aber warum ist das so? Haben nicht gerade Erdnüsse und Mandeln viele Kalorien und Fette? Stimmt. Wie Nüsse und Kerne insgesamt sind auch Erdnüsse und Mandeln ziemlich fett- und energiereich und sollten entsprechend auch maßvoll genossen werden. Gleiches gilt natürlich auch für Erbnussbutter, Mandelmus und Nussmus im Allgemeinen. Trotzdem haben die knackigen Leckereien noch ganz andere Qualitäten, die sie ge-

rade für unsere Rezepte besonders wertvoll machen.
Erdnüsse beispielsweise sind nicht nur ein idealer Lieferant wertvoller Proteine, die durch sie gelieferten Fette bestehen auch zu einem großen Teil aus ungesättigten und mehrfach ungesättigten Fettsäuren, die nicht nur viel gesünder sind als beispielsweise tierische Fette, sondern sogar im Rahmen einer Diät nützlich sein können. Schließlich kann, wer seinen Kohlenhydratkonsum gleichzeitig reduziert, durch den Konsum gesunder Fette dafür sorgen, dass der Stoffwechsel richtig in Gang kommt und die Pfunde purzeln.
Ähnliches gilt auch für Mandeln, die erwiesenermaßen nicht nur einen positiven Effekt auf das menschliche Herz-Kreislauf-System haben, sondern bei regelmäßigem Verzehr sogar zur Senkung des Cholesterinspiegels beitragen. Neben den gesunden Fetten, die Erdnussbutter und Mandelmus liefern, hält sich zudem ihr Kohlenhydratgehalt mit rund 20 Gramm auf 100 Gramm Butter bzw. Mus durchaus im Rahmen.
Übrigens: Erdnussbutter hat nichts mit »echter« Butter zu tun und wird zum überwiegenden Teil aus Erdnüssen hergestellt. Milchprodukte sind hingegen nicht enthalten. Allerdings sollte darauf geachtet werden, auf Produkte zurückzugreifen, die ohne Zuckerzusatz hergestellt worden sind. Zwar findet man Zuckerzusätze bei Mandelmus seltener,

grundsätzlich können aber beide Produkte eine unerwünschte Portion Zucker enthalten.
Wer, was die Inhaltsstoffe angeht, auf Nummer sicher gehen will, kann aber sowohl Mandelmus als auch Erdnussbutter einfach selbst herstellen!
Wie? Das zeigen wir Ihnen im Rezeptteil.

Agar-Agar – mit pflanzlicher Gelierkraft

In vielen Süßspeisen und Süßigkeiten kommt Gelatine zum Einsatz. Das Geliermittel, das in Fruchtgummi, Tortenguss, Götterspeise, Cremes und unzähligen anderen Speisen Verwendung findet, besteht zum überwiegenden Teil aus tierischem Eiweiß und wird meist aus Schweinehaut oder aus den Knochen von Schweinen und Rindern hergestellt. Entsprechend ist Gelatine für eine vegane oder vegetarische Ernährung nicht geeignet.
Agar-Agar ist in Japan schon seit Jahrhunderten die erste Wahl unter den Geliermitteln. Das Produkt wird ganz natürlich aus Rotalgen gewonnen und weist sogar eine stärkere Gelierkraft auf als Gelatine. Tortenguss, Nachspeisen und Gelees lassen sich problemlos mit dem geschmacksneutralen Agar-Agar-Pulver herstellen. Anders als Gelatine geliert Agar-Agar auch in Kombination mit Früchten wie frischer Ananas oder Kiwi.
Ein ¾ Teelöffel Agar-Agar entspricht etwa 6 Blatt handelsüblicher Gelatine. Zu beachten ist allerdings, dass Agar-

Agar aufgekocht werden muss, um gelieren zu können. Für Desserts, die nicht erhitzt werden dürfen, eignen sich darum Johannisbrotkernmehl und Guarkernmehl als Bindemittel deutlich besser.

Kokosöl – ein besonderes Öl

Kokosöl erfreut sich aktuell großer Beliebtheit – im Beauty-Bereich und auch in der Küche. Es ist ein besonders na-

türliches Lebensmittel, das auch ohne Monokulturen und aufwendige Verarbeitungsprozesse gewonnen werden kann. Auch ist es besonders leicht verdaulich und enthält, als einziges natürliches Öl überhaupt, über 50 Prozent wertvolle mittelkettige Fettsäuren. Diese mittelkettigen Fettsäuren werden von unserem Körper nicht nur vorzugsweise zur Energiegewinnung genutzt und darum weniger schnell in Form von Fettdepots eingelagert, darüber hinaus wirken sie auch antimikrobisch und verteidigen uns gegen Pilze, Viren und Bakterien. Um sich insbesondere die schlankmachende Wirkung des Kokosöls zu sichern, kann es zum Kochen, Backen, Braten verwendet, aber auch »roh« verzehrt werden.

Flavdrops – praktische Helfer bei Süßigkeitenhunger

Auch die besten Vorsätze vergisst man manchmal, schließlich ist die Versuchung oft einfach zu groß – die Rede ist von der unbändigen Lust auf Schokolade, Karamell oder leckeren Vanillepudding. Zuckerfrei und kalorienarm ließen sich diese Leckereien bisher nur selten beschaffen und natürlich schon gar nicht dann, wenn der Heißhunger am größten ist. Kalorien- und kohlenhydratfreie Abhilfe schaffen nun die praktischen Flavdrops, die allen nur erdenklichen Speisen im Handumdrehen das Aroma unserer Lieblingssüßigkeiten verleihen! Kalorien-, eiweiß- und kohlenhydratfrei, werden Flavdrops aus natürlichen Aromen hergestellt und sind etwa 600-mal süßer als Zucker. Obwohl die Tropfen aus kalorienfreier Sucralose hergestellt werden, sind sie in etwa mit Stevia-Flüssigsüße vergleichbar, zeichnen sich allerdings durch viele verschiedene Geschmacksrichtungen aus.

Mit diesen Geschmacksrichtungen, von Vanille und Schokolade bis hin zu Karamell und Erdbeere, sind die süßen Tropfen ideal dazu geeignet, aus fett- und kalorienarmen Milchprodukten im Handumdrehen ein leckeres, leichtes und kohlenhydratarmes Dessert zu zaubern. So lassen schon wenige Tropfen der Schoko-Flavdrops, eingerührt in Joghurt oder Magerquark, den Schokohunger schnell und ganz ohne Zuckersünden verschwinden. Auch zum Aufpeppen von Proteinshakes, Kaffee, selbst gemachtem Eis und sogar Backwaren sind Flavdrops optimal geeignet – für süße Leckereien ohne schlechtes Gewissen.

Kakao und Bitterschokolade – schokoladige Superfoods

Wer bei Schokolade und Kakao automatisch an unerwünschte Speckröllchen und Übergewicht denkt, irrt sich. Kakao ist ein echtes Superfood und hat viele positive Effekte auf Gesundheit, Figur und Wohlbefinden. Selbstverständlich trifft das nicht auf Kakaopulver in jeder Variante zu – wird die gemahlene Kakaobohne gemeinsam mit viel Zucker und Fett verarbeitet, schwindet diese Wirkung selbstverständlich. Wichtig zu wissen ist außerdem, dass Kakao seine positiven Eigenschaften nur dann behält, wenn er nicht zu stark erhitzt wurde. Bei Temperaturen über 42 °C gehen viele Inhaltsstoffe verloren. Darum sollte immer zu rohem Kakao ohne Zucker oder andere Zusätze gegriffen werden. Roher Kakao macht durch die Botenstoffe Serotonin und Dopamin nicht nur glücklich, sondern enthält auch viele wertvolle Antioxidantien. Durch seinen hochwertigen Mix an Inhaltsstoffen kann uns roher Kakao nicht nur vor Herz-Kreislauf- und vielen anderen Erkrankungen schützen, sondern uns auch stressresistenter machen und das Wohlbefinden steigern.

Mit den gleichen positiven Eigenschaften kann sich auch Schokolade rühmen, die einen besonders hohen Kakaoanteil aufweist. Hierbei sollte man aber darauf achten, zu einer zuckerarmen oder sogar zuckerfreien Variante zu greifen. Al-

ternativ kann man zum Aufpeppen von Müsli, Smoothies und Co. aber auch Kakaonibs verwenden. Die kleinen Kakaobohnenstücke sind nicht nur ein leckeres Knusperextra, sondern enthalten auch garantiert keinen Zucker.

Übertreiben sollte man es jedoch auch hier mit dem Schokogenuss nicht. Immerhin enthalten Kakaopulver und Bitterschokolade rund 24 bzw. 20 Prozent Fett und rund 10 bzw. bis zu 45 Gramm Kohlenhydrate pro 100 Gramm. (Wir erinnern uns, dass bei Low-Carb maximal 100 Gramm an Kohlenhydraten täglich verzehrt werden sollten!) Maßvoll genossen sind Kakao und Bitterschokolade aber durch ihre wertvollen Inhaltsstoffe für eine gesunde Ernährung bestens geeignet.

Kakao, Nussmus, Sahne und Co. – wie Fette eine gesunde Ernährung unterstützen

Wer auf eine gesunde Ernährung achten und eventuell auch überflüssige Pfunde verlieren will, ist mit einer kohlenhydratarmen Ernährung, gesunden Proteinen und vielen natürlichen Lebensmitteln schon auf dem besten Wege. Beinahe schon selbstverständlich wird häufig davon ausgegangen, dass für einen gesunden, schlanken Körper auch Fette in jeglicher Form absolut tabu sind. Warum verwenden wir in unseren Rezepten dann Nüsse, Sahne, Nussbutter und Co.? Da passt doch etwas nicht zusammen ...

Diese Aspekte passen nur dann nicht zusammen, wenn man davon ausgeht, dass Fette per se schädlich sind. In Wirklichkeit ist das aber gar nicht so: Schließlich sind Fette nicht nur nachhaltige Energiespender, sondern auch Bausubstanz für Zellen und Gewebe. Kohlenhydrate hingegen werden entweder als Energielieferant sofort verbrannt oder in Form von Fettpölsterchen eingelagert. Dieser Prozess dauert bei gesunden Fetten hingegen viel länger.

Im Gegensatz zur auch heute noch weit verbreiteten Annahme, Fett wäre schlechthin schädlich, stehen die Erfahrungen von unzähligen Anhängern einer Paleo- oder ketogenen Ernährungsweise. Eine deutliche Steigerung des Wohlbefindens und die natürliche Lösung von Gewichtsproblemen werden bei diesen Ernährungsformen nicht etwa dann erzielt, wenn Fett- und Kohlenhydratzufuhr in gleichem Maße verringert werden, sondern machen sich bei einer Zusammensetzung der Nahrungskalorien aus 20 Prozent Kohlenhydraten, 65 Prozent Fett und 15 Prozent Eiweiß am deutlichsten bemerkbar – wobei die Anteile pflanzlicher Nahrung deutlich überwiegen sollten.

Dieser Ansatz beruht auf der Idee einer ketogenen Diät, bei der man sich den sogenannten »Hungerstoffwechsel« zunutze macht. Das bedeutet, dass der Körper durch die Aufnahme einer nur geringen Menge an Kohlenhydraten veranlasst wird, anstatt Zucker (also Kohlenhydraten) andere Stoffe zur Energiegewinnung zu nutzen. Hierfür können ihm die Ketonkörper, die unser Körper aus Fettsäuren bilden kann, dienen. Dieser Prozess verbraucht an sich bereits Energie und macht es unserem Körper außerdem weniger leicht, nicht benötigte Energie als Fettreserven zu speichern. Um diesen Zustand des Fett-zu-Energie-Stoffwechsels zu erreichen, ist es nicht nur erforderlich, die durch Kohlenhydrate erhöhten Insulinblutwerte niedrig zu halten, sondern auch ausreichend gesunde Fette zur Verfügung zu stellen.

Was die Quellen dieser gesunden Fette angeht, sollte darauf geachtet werden, dass solche Fette zum Einsatz kommen, die ihre natürlichen Nährstoffe noch nicht durch industrielle Verarbeitung verloren haben. Das ist etwa bei kalt gepressten Ölen der Fall. Selbstverständlich eignen sich aber auch Nüsse, Kerne und beispielsweise Sahne hervorragend als mineralstoffreiche Fettquelle.

Natürlich gilt aber auch hier, dass ein gesundes Maß des Fettkonsums angestrebt werden muss. Schließlich kann ein positiver Effekt auf Gesundheit und Gewichtsverlust nicht erwartet werden, wenn endlos viele Fettkalorien aufgenommen werden. Übertragen auf einen Kalorienbedarf von 2.000 kcal täglich, sollten insgesamt nicht mehr als 138 Gramm Fett pro Tag konsumiert werden.

Raus aus der Süßigkeitenfalle – Süßes clever ersetzen

Herkömmliche Desserts und Süßspeisen enthalten oft große Mengen an Zucker und anderen einfachen Kohlenhydraten – meist in Form von Weizenmehl. Diese einfachen Kohlenhydrate lassen den Blutzuckerspiegel rasant ansteigen und verursachen Heißhunger. So begünstigen solche Produkte nicht nur Übergewicht, sondern machen sogar regelrecht abhängig. Davon abgesehen enthalten Zucker und Weizenmehl jede Menge Kalorien, liefern jedoch kaum Nährstoffe und schon gar keine gesunden Ballaststoffe. Zucker und Weizenmehl stellen darum quasi leere Kalorien dar, die unserem Körper kaum etwas bringen, außer den unliebsamen Speckröllchen.

Wer sich für die Low-Carb-Ernährung entscheidet, entkommt dem Heißhunger-Teufelskreis sowie dem ungesunden Blutzucker-Auf-und-Ab – muss aber deshalb längst nicht auf Süßspeisen und Naschereien verzichten. Schließlich lässt sich Süßes auch lecker und gesund ganz ohne Weißmehl und Zucker zubereiten.

Natürlich gilt aber auch hier: Maßvoll genießen!

Mit Low-Carb-Süßigkeiten fällt es auch im Rahmen einer Diät leichter, Gewicht zu verlieren und nicht zu ungesunden Snacks zu greifen. Das bedeutet aber nicht, dass ab jetzt ausschließlich Süßes geschlemmt werden darf, nur weil es Low-Carb ist. Selbstverständlich haben auch unsere Low-Carb-Süßigkeiten Kalorien – insbesondere dann, wenn Zutaten wie Nüsse oder Fette zum Einsatz kommen. Obwohl diese Zutaten dem Körper neben Energie auch viele Vitamine, Mineralien, Ballaststoffe und wertvolle Fettsäuren liefern und sogar beim Abnehmen helfen können, haben sie eben dennoch Kalorien! Darum gilt: Wer Gewicht verlieren will, darf Low-Carb schlemmen, sollte aber dennoch seine Energiebilanz nicht aus den Augen verlieren und seine Diät sinnvoll durch viel Bewegung ergänzen! Dann sind auch süße Leckereien absolut erlaubt und fügen sich perfekt in eine gesunde, kohlenhydratarme Ernährung ein.

Die Süßigkeitenlust in den Griff bekommen

Dennoch sollten wir darauf achten, uns nach und nach aus der Zucker- und Süßigkeitenfalle zu befreien. Obwohl wir viele ungesunde Naschereien auch durch zuckerfreie, gesündere Alternativen ersetzen können, sollten wir versuchen, die unbändige Lust auf Süßes, die viele von uns quält, in den Griff zu bekommen. Das kann gelingen, indem wir raffinierten Zucker gegen gesündere Zuckeralternativen austauschen. Wir können uns auch Schritt für Schritt wieder daran gewöhnen, weniger süß zu genießen. Ein Großteil unserer Süßigkeitenlust ist nämlich reine Gewöhnungssache und kann genauso »abtrainiert« werden, wie wir es uns einmal antrainiert haben, besonders viele süße Speisen und Getränke zu konsumieren. Nur wenigen von uns würde es gelingen, den Zuckerkonsum über Nacht auf null herunterzufahren – das provoziert oft schlimme Heißhungerattacken. Mit ein paar einfachen Tricks lässt sich dem Heißhunger jedoch Einhalt gebieten und auch der Zucker- und Süßungsmittelkonsum so zurückschrauben, dass wir nach und nach quasi zu unserem natürlichen Süße-Empfinden zurückfinden können.

Versteckter Zucker

Ungesunden Haushaltszucker von unserem Speiseplan zu verbannen ist meist leichter gesagt als getan: Oft reicht es nicht aus, Süßigkeiten, gezuckerte Säfte und andere Zuckerbomben von der Einkaufsliste zu streichen. Häufig versteckt sich besonders viel Zucker auch in Speisen, in denen wir ihn gar nicht vermuten. Zum Beispiel in Ketchup, Fruchtjoghurt oder fertigen Brotaufstrichen. Wichtig ist es darum, genau auf die Inhaltsstoffe und Nährwerte von Fertigprodukten zu achten, um nicht ungewollt in die Zuckerfalle zu tappen – Zucker versteckt sich nämlich auch in Speisen, die eigentlich gar nicht süß schmecken! Darum gilt: Speisen lieber selber kochen und zubereiten. So weiß man, was drinsteckt. Und: Etiketten lesen lernen, denn Zucker wird nicht immer als Zucker deklariert.

Zucker Schritt für Schritt reduzieren mit dem Verdünnungstrick

Eine weitere tolle Möglichkeit, sich übertriebenen Zuckerkonsum nach und nach abzugewöhnen, ist der Verdünnungstrick. Wer es gewohnt ist, besonders süß zu essen, kann sich dieses ungesunde Essverhalten meist nicht über Nacht abgewöhnen. Hier hilft es, normalen Zucker gegen Austauschstoffe zu ersetzen und sich zudem Schritt für Schritt von besonders süßen Versuchungen zu »entwöhnen«. Beispielsweise kann in den gewohnten süßen Fruchtjoghurt ein Löffel ungesüßter Joghurt gemischt oder die Zuckermenge in Tee und Kaffee nach und nach heruntergeschraubt werden. So gewöhnen wir uns ganz nebenbei an, weniger süßes Genießen.

SOS-Tipps gegen den Zuckerhunger

Und wenn die Naschlust wieder viel zu mächtig wird, lässt sie sich mit diesen hilfreichen SOS-Tipps in den Griff bekommen:

- Statt zu einem Stück Schokolade zu greifen, besser 1 bis 2 Gläser Wasser oder etwas Ingwertee trinken. Immer noch Lust auf Schokolade? Dann vielleicht die halbe Schokoportion oder dunkle Schokolade ausprobieren.
- Durch Stimulation des Akupressurpunktes zwischen Nase und Oberlippe lässt sich Heißhunger »ausknipsen«. Dazu einfach mit dem Zeigefinger 15 bis 20 Sekunden Druck auf diese Stelle ausüben.
- Sonne statt Sahneeis: Sonnenstrahlen wirken sich genauso positiv auf unseren Serotoninspiegel aus wie Schokolade oder andere Süßigkeiten. Ein Spaziergang an einem sonnigen Tag hilft darum ebenfalls gegen Naschlust.
- Weggeatmet: Wer Lust auf Süßes hat, sollte versuchen, sich gerade hinzustellen, die linke Hand zur Faust zu ballen und unterhalb des Rippenbogens zu positionieren. Nun wird die rechte Hand auf die linke Faust gelegt und leichter Druck ausgeübt. Dann 5-mal kraftvoll durch die Nase ein- und durch den Mund wieder ausatmen.
- Süßes riechen: Auch Gerüche können unsere Süßigkeitenlust bremsen und unseren Appetit auf Schokolade und Co. zügeln. Besonders gut klappt das

mit den Aromen Vanille oder Pfefferminze. Dazu einige Tropfen von ätherischem Pfefferminz- oder Vanilleöl auf ein Taschentuch träufeln und daran riechen. Tipp: Aromalampe! Alternativ kann es auch helfen, an einem Päckchen Vanillezucker oder Vanillearoma zu schnuppern oder ein scharf-minziges Bonbon oder Kaugummi zu kauen bzw. zu lutschen.
- Xylit-Mundspülung gegen Heißhunger: Bei unbändigem Süßigkeitenhunger hilft eine Xylit-Mundspülung, die gleichzeitig auch noch Karies vorbeugt! Hierzu wird ½ Teelöffel Xylit in den Mund genommen, ohne das Pulver herunterzuschlucken. Das Xylitpulver wird, während es sich langsam auflöst, 2 Minuten im Mund behalten und dann ausgespuckt. Den Mund danach nicht spülen und etwa eine halbe Stunde nichts trinken! So bleibt ein angenehm süßer Geschmack zurück, der die Süßigkeitenlust eindämmt, während das Xylit-Pulver seine zahnpflegende Wirkung entfalten kann.

Zum Umgang mit den Rezepten

Im Rezeptteil geben wir Ihnen viele Tipps an die Hand, wie Sie Low-Carb-Mehle und -Grundzutaten selbst herstellen können und leckere Süßigkeiten und Desserts Low-Carb zubereiten. Hier sollte für jede Naschkatze etwas dabei sein!

Quick Tipps für die Zubereitung von Low-Carb-Süßigkeiten

- Wer zusätzlich zu den Kohlenhydraten auf Kalorien achten möchte, ersetzt das Xylit durch Erythrit.
- Tipp für das Steifschlagen von Sahne und Eiweiß:
  Rührschüssel und Rührbesen vorher kühlen. Entweder kurz in den Kühlschrank stellen, außen mit kaltem Wasser herunterkühlen oder kurz mit kaltem Wasser füllen und danach wieder abtrocknen. Sehr wichtig ist auch, dass die Rührschüssel sauber und fettfrei ist.
  Speziell bei Eiweiß muss man darauf achten, dass es sauber vom Eigelb getrennt wird. Eine Prise Salz sorgt zusätzlich dafür, dass der Eischnee schön fest wird.
- Falls man keine Eismaschine zur Hand hat, kann man die Eismasse in einen frostfesten Behälter geben und während der Gefrierzeit immer mal wieder umrühren. Ist der Frozen Yogurt oder das Low-Carb-Eis zu fest geworden: kurz antauen lassen, aus der Form nehmen und in einem leistungsfähigen Mixer (mit Messereinsatz) ein paar Sekunden cremig aufrühren.
- Johannisbrotkernmehl und Guarkernmehl sind Verdickungsmittel, die man gerade für Süßspeisen gut ver-

wenden kann, da sie nicht aufgekocht werden müssen wie z. B. Agar-Agar. Man kann sie aber jederzeit auch zum Andicken von Puddings etc. nutzen, die gekocht werden müssen. Johannisbrotkernmehl und Guarkernmehl können in den Rezepten jeweils 1:1 ausgetauscht werden. Man muss also nicht beide Sorten einkaufen. Am besten während des Rührvorgangs langsam einrieseln lassen, sonst kann es Klümpchen geben!

Außerdem finden Sie bei jedem Rezept Nährwertangaben:

- Kcal steht für Kilokalorien
- KH steht für Kohlenhydrate
- P steht für Protein
- F steht für Fett

SÜSSE LOW-CARB-GRUNDREZEPTE

Nussmilch und Nussmehl selbst gemacht

In vielen Low-Carb-Rezepten kommen Nussmehle zum Einsatz. Nüsse sind gesund und verleihen dem Gebäck durch ihren Fettgehalt eine angenehme, nicht zu trockene Konsistenz. Allerdings sind Mandelmehl und Co. in vielen Supermärkten immer noch schwer zu finden. Online oder im Reformhaus wird man zwar eher fündig, allerdings sind Nussmehle dort oft ziemlich teuer. Was liegt da näher, als die leckeren und gesunden Backzutaten einfach selbst zu machen?
Besonders einfach und mit tollem Nebeneffekt klappt das beispielsweise mit Mandel- und Kokosmehl!

Um Mandelmehl und Mandelmilch herzustellen, braucht man:

100 g ganze Mandeln
400 ml Wasser

Zubereitung Mandelmilch

1. Die Mandeln werden zuerst mit heißem Wasser übergossen und müssen über Nacht ziehen. So fällt die Zubereitung später leichter.
2. Am nächsten Morgen kann das Wasser abgegossen und die Mandeln können zusammen mit 400 ml Wasser in einen leistungsstarken Mixer gegeben werden. (Es können übrigens Mandeln mit oder auch ohne braune Schale verwendet werden.)
3. Nun wird das Gemisch im Mixer einige Minuten kräftig durchgemixt, bis eine milchige Flüssigkeit entstanden ist.
4. Diese milchige Flüssigkeit wird durch ein Tuch, ein feinmaschiges Sieb oder einen Nussmilchbeutel abgegossen, sodass sich die Flüssigkeit und das entstandene feine Mandelpüree voneinander trennen.
5. Das Mandelpüree nun noch einmal kräftig im Tuch, Sieb oder Nussmilchbeutel ausdrücken und anschließend etwas trocknen lassen.
6. Der erste Schritt wäre schon einmal geschafft. Das Ergebnis: Leckere, selbst gemachte Mandelmilch! Die entstandene milchig-cremige Flüssigkeit ist nämlich nichts anderes und perfekt zum Trinken, Kochen und Backen geeignet! Ganz nach Geschmack kann die Mandelmilch nun noch gesüßt oder einfach pur genossen werden.

Zubereitung Mandelmehl

1. In einem zweiten Schritt wird nun das Mandelpüree, das beim Abgießen im Tuch zurückgeblieben ist, langsam bei etwa 50 °C Heißluft im Backofen getrocknet.
2. Dazu verteilt man es auf einem mit Backpapier ausgelegten Backblech. Der Trocknungsvorgang dauert etwa 2 bis 3 Stunden und die Mandelmasse sollte zwischendurch gewendet werden. Tipp: Restwärme nach dem Backen nutzen oder das Mehl an Luft und Sonne trocknen lassen. Dann dauert es zwar etwas länger, man spart aber Strom.
3. Ist das Mandelpulver vollständig getrocknet, kann es im Mixer oder einer Kaffeemühle fein gemahlen werden – und fertig ist das Mandelmehl!

Achtung

Wer Mandelmehl aus ganzen Mandeln einfach im Küchenmixer herstellen möchte, erhält so lediglich gemahlene Mandeln – aber kein Mandelmehl! Der Zwischenschritt des Einweichens, Mixens und Abgießens ist besonders wichtig, um die in den Mandeln enthaltenen Fette zu lösen und zu »entfernen«. Nur so wird man ein Endprodukt erhalten, das von seiner Konsistenz und Backeigenschaft »echtem« Mandelmehl entspricht. Für weißes Mandelmehl muss man die Mandeln vorher blanchieren bzw. bereits blanchiert kaufen. Auf diese Weise kann man auch aus anderen Nüssen Milch und Mehl herstellen, z. B. aus Haselnüssen.

ERDNUSSBUTTER

Für ca. 200 g Erdnussbutter
Pro Portion mit 20 g: 131 kcal/0,09 g F/1,6 g KH/0,09 g P

200 g Erdnüsse (ohne Schale)
1 EL Xylit
1 Prise Salz
1–2 EL Erdnuss- oder Sonnenblumenöl

1. Zum Herstellen der leckeren Nussbutter werden Erdnüsse zuerst im Backofen oder in der Pfanne kurz angeröstet. Hierzu die Nüsse einfach bei ca. 150 °C Heißluft 10 Minuten lang in den Backofen schieben oder vorsichtig ohne Fett ein paar Minuten in der Pfanne rösten. Selbstverständlich können auch bereits geröstete Nüsse verwendet werden.
2. Die gerösteten Erdnüsse nach dem Auskühlen zusammen mit dem Xylit und der Prise Salz in einen leistungsstarken Küchenmixer geben und nach und nach fein zerkleinern.
3. Evtl. zwischendurch die Nussmasse mit einem Spatel wieder nach unten Richtung Messer schieben.
4. Nun 1–2 EL Öl (Erdnuss- oder Sonnenblumenöl eignen sich besonders gut) hinzufügen und weitermixen, bis die gewünschte Konsistenz erreicht ist.
5. Durch das Mixen ist das Erdnussmus direkt nach der Zubereitung etwas flüssiger, weil es noch warm ist. Im Kühlschrank bekommt es dann eine festere Konsistenz und ist nun etwa zwei Wochen lang haltbar und kann Desserts, Smoothies oder auch Gebäck verfeinern.

Kokosmilch und Kokosmehl selbst gemacht

100 g Kokosraspel
400 ml heißes Wasser

1. Zuerst werden die Kokosraspel mit dem heißen Wasser aufgegossen und einige Zeit stehen gelassen. Am besten so lange, bis das Wasser abgekühlt ist.
2. Anschließend wird die Mischung in einen leistungsstarken Mixer gegeben und so lange kräftig gemixt, bis eine weiße, milchige Flüssigkeit entsteht.
3. Das Gemisch wird nun durch ein feinmaschiges Sieb oder einen Nussmilchbeutel abgegossen und das Kokospüree anschließend gründlich ausgedrückt. Die so gewonnene Kokosmilch kann nun nach Belieben gesüßt und im Kühlschrank aufbewahrt werden.
4. Ist das Kokospüree etwas angetrocknet, wird es bei 50 °C Heißluft ca. 2–3 Stunden im Backofen vollständig getrocknet und anschließend in der Kaffeemühle oder dem Mixer zu Kokosmehl gemahlen.

Tipp

Das Verhältnis von Kokosraspeln zu Wasser entscheidet über den Geschmack und Gehalt der Kokosmilch. Empfehlung: 1:4. Bei der Lagerung setzt sich oft oben die »Kokossahne« bzw. das Kokosfett ab. Durch Schütteln oder Rühren lässt sich diese Schicht wieder mit der restlichen Kokosmilch vermischen.

PUDER-XYLIT, PUDER-ERYTHRIT

Vanille- und Puderzucker lassen sich, wenn man Xylit und Erythrit ohnehin im Haus hat, besonders leicht ersetzen. In der Kaffeemühle oder dem Mixer lassen sich beide Süßungsmittel fein mahlen und dann ganz einfach wie gewöhnlichen Puderzucker verwenden. Vorsicht: Während der Zubereitung staubt es! Um zu vermeiden, dass sich der Puderstaub in der Küche verteilt, kann man auf die Öffnung des Mixtopfes ein Stück Küchenrolle legen und den Messbecher als Deckel aufsetzen. Danach noch ca. 3 Minuten warten, bis man den Deckel wieder abnimmt und den süßen Puder umfüllt.

PUDERZUCKERGUSS-ALTERNATIVE

150 g Xylit
1 EL Zitronensaft
1–2 EL Wasser

1. Alle Zutaten in einem Topf gut verrühren und kurz aufkochen, bis sich das Xylit auflöst und eine leicht sirupartige Masse entsteht.
2. Erst mit höchstens 2 EL Flüssigkeit beginnen und dann prüfen, ob noch zusätzlich ein weiterer TL nötig ist.

Tipp

Bringen Sie Farbe ins Spiel! Mit Lebensmittelfarbe oder diversen Pulvern wie z. B. Himbeerpulver, Aroniapulver, Matcha-Tee usw.

Vanillezucker-Alternative

Ähnlich unkompliziert klappt auch die Zubereitung einer Vanillezucker-Alternative. Hierzu wird eine Vanilleschote mit ca. 200 Gramm Erythrit/Xylit in ein verschließbares Gefäß gegeben, sicher verschlossen und kräftig geschüttelt – nun einfach 1 bis 2 Wochen warten, die Vanilleschote herausnehmen und fertig ist die Low-Carb-Vanillesüße.

FROSTINGS

Für 12 Cupcakes
Pro Cupcake-Frosting aus diesem Grundrezept: 116 kcal/12,2 g F/0,6 g KH/0,1 g P

120 g kalte Butter
95 g Puder-Erythrit
200 g kalter Frischkäse – Doppelrahmstufe

Varianten:

Peanutbutter: plus 1 EL Erdnussmus
Blau-/Erdbeere: plus 1 TL pürierte Beeren
Vanille: plus ¼ TL gemahlene Vanille
Schokolade: plus 1 EL Backkakao/ungesüßtes Kakaopulver

1. Die Butter aufschlagen, bis sie deutlich heller und cremig ist.
2. Dann das Puder-Erythrit dazugeben und für einige Sekunden weiter cremig schlagen.
3. Zum Schluss erst den kalten Frischkäse unterrühren, bis eine homogene Creme entsteht. Nun kann der jeweilige Geschmack hinzugefügt werden.
4. Das Frosting muss dann noch für 1 Stunde in den Kühlschrank, damit es richtig fest wird und z. B. mit einer Spritztülle weiterverarbeitet werden kann.

ZUCKERFREIE SCHOKOLADE

Gerade Schokolade wird von vielen Naschkatzen heiß geliebt und darf natürlich auch in zahlreichen Rezepten nicht fehlen. Online findet man darum mittlerweile zahlreiche Produkte, die ganz ohne Zucker auskommen und meist mit Xylit gesüßt werden. Die Produktauswahl ist recht groß. So werden nicht nur Schokolade, sondern auch Sirup, Schokoaufstrich und Schokobackzutaten ganz ohne Zucker angeboten. Schokosoße, Kuchenglasur und Co. lassen sich auch leicht selbst aus Kakaopulver, Süßungsmittel und ein paar anderen einfachen Zutaten herstellen. Schließlich enthält Backkakao keinen Zucker, lässt sich vielseitig einsetzen, sorgt für den heiß geliebten Schokogeschmack und ist sogar ein echtes Superfood! Mit vielen Antioxidantien, Magnesium und Eisen schützt Kakao unsere Zellen, hält uns jung und lässt sich ganz einfach beispielsweise zu leckerer Schokosoße verarbeiten.

Schokosoße

Für ca. 250 ml
Pro Portion mit 50 ml: 50 kcal/0,2 g F/3,1 g KH/3 g P

40 g Kakaopulver ungesüßt
180 ml Milch oder Pflanzenmilch
50–60 g Puder-Xylit oder Puder-Erythrit
evtl. 1 TL Guarkernmehl und Johannisbrotkernmehl zum Andicken

1. Die Zutaten werden in einem Topf vermischt und zum Kochen gebracht.
2. Nun die Schokosoße einfach unter Rühren einkochen lassen, bis die gewünschte Konsistenz erreicht ist, oder beispielsweise mit 1 TL Guarkernmehl oder Johannisbrotkernmehl (langsam einrieseln lassen, sonst klumpt es) andicken.
3. Durch Abkühlen wird die Schokosoße auch fester in der Konsistenz.

Schokoglasur und dunkle Schokolade

Dieses Rezept kann man zum Herstellen von Schokoglasur oder dunkler Schokolade verwenden.

Für ca. 120 g
Pro Portion mit 20 g (eine herkömmliche »Rippe«): 102 kcal/10,8 g F/1 g KH/0,2 g P

50 g Kakaobutter
10 g Kokosöl
40 g Puder-Erythrit
20 g Kakaopulver
Mark einer Vanilleschote
1 Prise Salz

1. Kakaobutter und Kokosöl über heißem Wasserbad schmelzen (sollte nicht über 37 °C erhitzt werden).
2. Puder-Erythrit hinzufügen und unter Rühren auflösen.
   Kakaopulver, Vanille und Salz unterziehen und weiterhin gut verrühren.

Die fertige Schokomischung kann nun über Gebäck gegeben werden, wo sie eine tolle Glasur bildet.
Man kann sie auch zu Schokolade weiterverarbeiten, z. B. abgefüllt in Pralinenformen oder als Bruchschokolade. Dazu die Masse auf ein mit Backpapier ausgelegtes Backblech streichen und nach Belieben mit gehackten Pistazien, gehackten Nüssen, Chiasamen, gehackten Cranberrys etc. belegen.
Im Kühlschrank aufbewahren!

Weiße Schokolade

Für weiße Schokolade das Schokoladen-Grundrezept verwenden und das Kakaopulver durch 15 Gramm weißes Mandelmus ersetzen.

MARZIPAN

Auch Marzipan ist normalerweise eine echte Zuckerbombe, aber gerade in der Winterzeit einfach nicht wegzudenken. Zuckerfrei ist Marzipan aber leider fast überhaupt nicht zu bekommen, sodass man im Rahmen einer Low-Carb-Ernährung wohl darauf verzichten muss ... Oder doch nicht? Zum Glück lässt sich auch Marzipan ganz ohne Zucker selbst herstellen. Und so geht's:

Für ca. 350 g Rohmasse
Pro 100 g: 349 kcal/30 g F/3 g KH/14 g P

200 g Mandeln
150 g Puder-Erythrit
½ TL Rosenwasser
2 TL lauwarmes Wasser
optional: 4–6 Tropfen Bittermandelaroma

1. Die Mandeln blanchieren: Dazu mit kochendem Wasser bedecken und 3 Minuten einweichen.

2. Anschließend gut abtropfen lassen und auf ein sauberes Geschirrtuch geben. Das Tuch über die Mandeln klappen und mit den Händen darüberrubbeln, sodass sich die Schale löst. Einige Mandeln werden durch diese Methode komplett von der Schale befreit, bei ein paar wenigen muss noch mit den Fingern nachgeholfen werden.
3. Abkühlen und trocknen lassen.
4. Die geschälten Mandeln in einen Zerkleinerer oder Mixer geben und so lange mahlen, bis sich kleine Klümpchen bilden.
5. Die Mandelmasse nun auf eine saubere Arbeitsfläche geben, Erythrit, Rosenwasser, Wasser und optional Bittermandelaroma dazugeben und so lange kneten, bis die typische Marzipanmasse entsteht.
6. Das Marzipan zu einer Rolle formen und zum Lagern im Kühlschrank in Folie wickeln oder direkt weiterverarbeiten.

Tipp

Man kann auch bereits blanchierte Mandeln im Handel kaufen.

NUSS-NUGAT-CREME

Für ca. 300 ml
Pro 20 g: 121 kcal/12,4 g F/0,9 g KH/1,4 g P

160 g Butter
4 EL Kakaopulver
4 EL weißes Mandel- oder Haselnussmus
½ TL Vanillearoma
40 g Puder-Erythrit
50 ml Sahne oder Milch

1. Die Butter schmelzen.
2. Alle Zutaten in ein hohes Gefäß geben. Mit einem Pürierstab durchmixen.
3. Je nach Bedarf gegebenenfalls noch etwas Sahne oder Milch hinzufügen.
4. In ein Glas umfüllen. Abkühlen lassen und genießen.

MARMELADE

Für ein kleines Glas
Pro Portion (20 g): 7,6 kcal/0,1 g F/1,2 g KH/0,2 g P

150 g Erdbeeren oder andere Beeren wie z. B. Heidelbeeren, Johannisbeeren
1 EL Zitronensaft
10 g Puder-Erythrit (je nach Süße der Beeren noch etwas Erythrit hinzufügen)
½ TL Agar-Agar

1. Erdbeeren putzen und vom Strunk befreien. Zusammen mit Zitronensaft und Puder-Erythrit pürieren.
2. In einen Topf füllen und die Erdbeermasse zum Kochen bringen.
3. Unter Rühren das Agar-Agar einrieseln lassen und ca. 5 Minuten weiterköcheln lassen.
4. Danach sofort in ein sauberes, gut verschließbares Glas (z. B. Einweckglas) umfüllen und im Kühlschrank aufbewahren.

FROZEN YOGURT UND EIS

FROZEN YOGURT KOKOS-BLAUBEER

Für 4 Portionen
Pro Portion: 241 kcal/20,6 g F/8,1 g KH/5,3 g P

200 ml Kokosmilch (aus einer 400-ml-Dose Kokosmilch)
½ TL Johannisbrotkernmehl
500 g griechischer Joghurt
60 g Puder-Erythrit
100 g Blaubeeren
½ TL Johannisbrotkernmehl
optional: Erythrit zum Nachsüßen, falls die Beeren nicht sehr süß sind.

Wichtig

Für die Vorbereitung das Kühlen der Kokosmilch einplanen!

1. Zur Vorbereitung die Dose Kokosmilch mit 400 ml Inhalt für mind. 2 Stunden in den Gefrierschrank oder mind. 24 Stunden in den Kühlschrank stellen.
2. Rührstäbe und eine hohe Schüssel (am besten aus Metall) für ca. 10 Minuten kalt stellen.
3. Anschließend die gekühlte Dose Kokosmilch öffnen (vorher nicht schütteln!), ca. 200 ml aus der Dose entnehmen (wichtig: nur das feste Kokosfett verwenden, die flüssige Kokosmilch abseihen und z. B. für einen Smoothie nutzen) und in die kalte Schüssel geben.
4. Das Kokosfett ca. 3–5 Minuten auf höchster Stufe steif schlagen, ½ TL Johannisbrotkernmehl unter Rühren einrieseln lassen.
5. Nun den griechischen Joghurt mit dem Puder-Erythrit cremig rühren und anschließend die Kokoscreme unterheben.
6. Die Masse in eine kleine Auflaufform füllen und für eine Stunde in den Gefrierschrank stellen.
7. Die Blaubeeren pürieren, durch ein Sieb passieren und mit dem ½ TL Johannisbrotkernmehl andicken, sodass eine dickflüssige Soße entsteht.
8. Optional: Wenn die Beeren nicht süß genug sind, mit etwas Erythrit nachsüßen.

9. Nach der Stunde Gefrierzeit den Joghurt aus dem Gefrierschrank nehmen, einmal gut durchrühren und die Beerensoße darüber verteilen. Diese mit einer Gabel in kreisförmigen Bewegungen zu einem Muster ziehen. Dabei zügig arbeiten, damit der Joghurt nicht zu lange bei Zimmertemperatur lagert.
10. Anschließend für weitere 2–3 Stunden gefrieren. Danach direkt servieren und nicht lange im Gefrierschrank lagern, da Frozen Yogurt am besten halb gefroren und frisch schmeckt.

FROZEN VANILLE-YOGURT

Für 4 Portionen
Pro Portion: 99 kcal/4,4 g F/6,9 g KH/7,9 g P

500 g Joghurt, 3,5 % Fett
75 g Puder-Erythrit
1 EL Zitronensaft
1 EL Vanillesirup, zuckerfrei
2 Eiweiß
1 Prise Salz
optional: Beeren nach Wahl

1. Joghurt mit Puder-Erythrit, Zitronensaft und Vanillesirup glatt rühren.
2. Eiweiß in einem hohen Gefäß steif schlagen, nach kurzem Rühren eine Prise Salz einrieseln lassen.
3. Den Eischnee nun unter den Joghurt heben.
4. Die Eismasse in einen frostfesten Behälter oder direkt in eine Eismaschine füllen.
5. Zubereitung in der Eismaschine: 10–15 Minuten gefrieren lassen und direkt danach in Schälchen portionieren, optional mit Beeren nach Wahl dekorieren.
6. Falls keine Eismaschine vorhanden: In das Gefrierfach geben, und während der Gefrierzeit 1- bis 2-mal umrühren.

Tipp

Mit großer Spritztülle in Förmchen füllen und der Frozen Yogurt sieht richtig perfekt aus!

MINZEIS MIT SCHOKOSTÜCKCHEN

Für 4 Portionen
Pro Portion: 268 kcal/24,7 g F/4,5 g KH/3,9 g P

100 g Babyspinat
20 g frische Minze
400 ml Kokosmilch, cremig
30 ml Vanillesirup, zuckerfrei
¼ TL Pfefferminzextrakt oder 1 TL Pfefferminzpulver
60 g Erythrit
50 g Edelbitter-Schokodrops gesüßt mit Xylit oder gehackte Low-Carb-Schokolade
optional: frische Beeren

1. Babyspinat und Minze waschen und trocknen.
2. Den Spinat mit Kokosmilch und Minze in ein hohes Gefäß geben und fein pürieren. Vanillesirup, Pfefferminzextrakt oder Pfefferminzpulver und Erythrit dazugeben und nochmals pürieren, bis alles gut vermengt ist.
3. Die Eismasse in eine Eismaschine füllen und diese 20 Minuten laufen lassen.
4. Währenddessen die gesüßten Edelbitter-Schokodrops oder die Low-Carb-Schokolade mit einem Messer grob hacken.
5. Nach 20 Minuten die Drops mit in die Eismaschine geben und nochmals für 10 Minuten laufen lassen.
6. Die fertige Eismasse mit einem Eiskugelportionierer portionieren und optional mit frischen Beeren garnieren.

Tipp

Zubereitung ohne Eismaschine: Die Eismasse mit den gehackten Schokodrops in eine frostfeste Form geben und für 2 Stunden in das Gefrierfach stellen. Ab und zu umrühren.

BEERIGES BLITZEIS

Für 2 Portionen
Pro Portion: 165 kcal/12,7 g F/8,8 g KH/1,9 g P

140 g Kokosmilch (festes Kokosfett, z. B. aus einer gekühlten 400-ml-Kokosmilchdose)
150 g gefrorene Beeren nach Belieben, z. B. Heidelbeeren, Erdbeeren etc.
20 g Puder-Erythrit
5 g Lucuma (optional, man kann dafür auch etwas mehr Erythrit verwenden)

Wichtig

Für die Vorbereitung das Kühlen der Kokosmilch einplanen!

1. Kokosmilch kalt stellen, evtl. sogar 2 Stunden in das Gefrierfach legen!
2. Gefrorene Beeren mit Puder-Erythrit und Lucuma pürieren.
3. Abschmecken und evtl. nachsüßen, wenn die Beeren nicht so süß sind.
4. Das feste Kokosfett aus der Dose entnehmen und alle Zutaten noch mal kurz durchpürieren.
5. Das Eis sofort verzehren oder noch mal kurz in Kühlschrank oder Gefrierschrank stellen.

SCHNELLES SCHOKOEIS

Für 2 Portionen
Pro Portion: 254 kcal/22,2 g F/7,6 g KH/3,6 g P

200 g Kokosmilch
20 g dunkle Schokolade (mind. 70 %) ohne Zucker
10 g Backkakao
5 g Puder-Erythrit

Wichtig

Für die Vorbereitung das Kühlen der Kokosmilch einplanen!

1. Kokosmilch kalt stellen, evtl. sogar 2 Stunden in das Gefrierfach legen!
2. Dunkle Schokolade raspeln und mit dem Backkakao und dem Puder-Erythrit vermischen.
3. Das feste Kokosfett aus der Dose entnehmen und alle Zutaten pürieren.
4. Das Eis sofort verzehren oder noch mal kurz in Kühlschrank oder Gefrierschrank stellen.

EISTORTE

Für eine Kuchenbackform mit 18 cm Durchmesser/ca. 12 Stück
Pro Stück: 224 kcal/21,1 g F/2,1 g KH/3,1 g P

50 g Schokodrops aus Xylit oder Low-Carb-Schokolade
20 g Kokosöl oder Butter
50 g gemahlene Mandeln
200 ml Sahne
250 g Mascarpone
60 g Puder-Erythrit
100 g Heidelbeeren (oder Beeren nach Wahl)
optional: zur Dekoration verschiedene Beeren wie Himbeeren, Brombeeren, Heidelbeeren, Erdbeeren

1. Die Backform mit Backpapier auslegen.
2. Schokodrops und Kokosöl im Wasserbad langsam schmelzen lassen und verrühren. Die gemahlenen Mandeln hinzugeben und alles vermischen. Es entsteht eine krümelige, feuchte Masse, die man jetzt auf dem Boden der Form verteilt und andrückt.
3. Die Form für mind. ½ Stunde in den Gefrierschrank stellen.
4. Dann die Sahne steif schlagen.
5. Mascarpone und Erythrit vermischen und die Sahne unterheben.
6. Etwas mehr als die Hälfte der Masse auf den bereits leicht gefrorenen Mandel-Schoko-Boden geben und für mind. 1 Stunde in den Gefrierschrank stellen. Den Rest der Masse im Kühlschrank zwischenlagern. Kurz prüfen, ob die Masse schon genug gefroren ist, um die weitere Lage aufzuziehen, ansonsten eine weitere Stunde warten.
7. Sobald die zweite Lage fest genug ist, die Heidelbeeren pürieren, zur süßen Mascarpone-Masse geben und gut verrühren.
8. Die beerige Mischung auf die weiße Lage der Eistorte verteilen und glatt streichen.
9. Jetzt für ca. 2–3 Stunden in den Gefrierschrank stellen. Mindestens 30 Minuten vor dem Servieren herausnehmen.

Tipp

Zum Schneiden der Torte das Messer vorher in heißes Wasser tauchen.

COOLE FRUITY-BITES

Für 12 Stück
Pro Portion: 43 kcal/2,6 g F/2,3 g KH/1,5 g P

150 g frische Himbeeren (oder Beeren nach Wahl)
250 g Joghurt
10 g Puder-Xylit
Mark einer ½ Vanilleschote
50 g Schokodrops aus Xylit (alternativ: gehackte Low-Carb-Schokolade, Kakaonibs)

12 Muffinförmchen und Muffinblech

1. Die Himbeeren waschen und trockentupfen.
2. Förmchen in die Mulden eines Muffinblechs legen.
3. Den Joghurt mit Xylit und Vanillemark verrühren und gleichmäßig auf die Förmchen verteilen. Die Förmchen jeweils nur bis zur Hälfte füllen.
4. Die Himbeeren in den Joghurt drücken und noch mit Schokodrops, Kakaonibs oder gehackter Low-Carb-Schokolade verzieren.
5. Das Muffinblech nun für mind. 1 Stunde in den Gefrierschrank stellen.
6. Vor dem Verzehr aus dem Gefrierschrank nehmen und leicht antauen lassen.
7. Die coole Erfrischung kann in einen Zip-Beutel oder frostfesten Behälter umgefüllt und portionsweise entnommen werden.

Schokobrot à la »Kalter Hund«

Kleine Kastenform oder schmaler, rechteckiger Plastikbehälter
Für 10 Scheiben
Pro Scheibe: 96 kcal/8,6 g F/5,1 g KH/1,6 g P

50 g Cashewkerne
20 g Kokosöl
25 g Schokodrops aus Xylit oder Low-Carb-Schokolade
10 g Backkakao
20 g Puder-Erythrit
optional: 1 TL Kokosblütenzucker
1 Prise Zimt
50 g Kokosraspel

1. Eine kleine Kastenform oder einen schmalen, rechteckigen Behälter mit Backpapier auslegen.
2. Cashewkerne grob hacken. Kokosöl und Schokodrops über dem Wasserbad schmelzen.
3. Backkakao, Süßungsmittel, Zimt und Kokosraspel einrühren und alles gut vermengen.
4. Zum Schluss die gehackten Cashewkerne hinzugeben, gut durchkneten und die krümelige, schokoladige Masse in die Form drücken und für mind. 2 Stunden in den Gefrierschrank stellen.
5. Mind. ½ Stunde vor dem Servieren aus dem Gefrierschrank nehmen.

Tipp

Das Schokobrot lässt sich besser in Scheiben schneiden, wenn man das Messer vorher in heißes Wasser taucht.

SÜSSSPEISEN UND DESSERTS

WAFFELTORTE

Für 1 Torte aus 5 Waffeln = 5 Portionen
Pro Portion: 387 kcal/24,4 g F/11,5 g KH/28,1 g P

Für die Waffeln:

3 Eier
150 g Quark
30 g Rapsöl/Kokosöl
75 ml Milch
60 g Xylit
105 g Mandelmehl
20 g Weizenkleber (Glutenpulver)
½ Packung Backpulver
2 TL Flohsamenschalen
1 TL Johannisbrotkernmehl

Für die Quarkcreme:

200 ml Sahne
300 g Quark
30 g Xylit
Mark einer Vanilleschote
Abrieb einer Bio-Orange
10 g Agartine + 200 ml Wasser

Für das Topping:

100 g Blaubeeren

1. Für die Waffeln alle flüssigen Zutaten und das Xylit mit einem Schneebesen cremig schlagen.
2. Die restlichen Zutaten miteinander vermengen und nach und nach dazugeben. Gegebenenfalls noch etwas mehr Milch einrühren, falls der Teig zu fest ist.
3. Nun ca. 5 Waffeln in einem runden Waffeleisen backen und anschließend komplett abkühlen lassen.
4. Erst dann die Creme zubereiten. Dafür die kalte Sahne aufschlagen.
5. Quark, Xylit, Vanille und Orangenschale cremig rühren.

6. Das Wasser mit der Agartine in einem kleinen Topf vermischen und unter Rühren aufkochen lassen. 2 Minuten köcheln lassen und anschließend zügig unter die Quarkmasse rühren.
7. Sofort die Sahne unterheben und mit dem Schichten der Torte beginnen. Dafür eine Waffel auf einen geeigneten Teller legen und mit einem Fünftel der Creme bestreichen oder diese mit einem Spritzbeutel auf der Waffel verteilen. Hierbei die Creme nicht ganz bis zum Rand geben. Eine weitere Waffel darauflegen und ganz leicht andrücken. Nun so lange schichten, bis alle Waffeln verbraucht sind. Dabei darauf achten, dass die Waffeln alle gleich ausgerichtet sind, damit sich die Torte besser schneiden lässt. Mit der restlichen Creme und den Blaubeeren dekorieren.

Foto: siehe auch Seite 62

PANCAKES

Für 2 Portionen/ca. 8–10 kleine Pancakes
Pro Portion: 243 kcal/16,9 g F/3,4 g KH/14,9 g P

20 g Mandelmehl
20 g Weizenkleie
20 g Erythrit
20 g gemahlene Mandeln
2 Eier
10 g Butter (zimmerwarm)
80 ml Mandelmilch

1. Die trockenen Zutaten in einer Schüssel vermischen.
2. Eier trennen, Eigelb zu den trockenen Zutaten geben und Eiweiß mit einer Prise Salz steif schlagen. Zimmerwarme Butter und Mandelmilch mit in die Schale geben, alles gut vermengen und das geschlagene Eiweiß unterheben.
3. In einer Pfanne (eventuell mit ein wenig Öl) ausbacken.

Quarkbällchen mit Blaubeermusfüllung

Für 8 Stück
Pro Stück: 101 kcal/5,4 g F/2,4 g KH/9 g P

25 g Butter
2 Eier
150 g Magerquark
45 g Xylit
50 g Mandelmehl
40 g Kokosmehl
15 g Weizenkleber (Glutenpulver)
1 TL Backpulver
50 g Blaubeeren, TK
5 g Erythrit
¼ TL Johannisbrotkernmehl
Öl/Fett zum Frittieren

Spritzbeutel

1. Butter schmelzen.
2. Eier aufschlagen und mit Quark, Butter und Xylit zu einer homogenen Masse verrühren. Mandel-, Kokosmehl, Weizenkleber und Backpulver vermischen und zu den flüssigen Zutaten geben. Gut verrühren. Nun 10 Minuten im Kühlschrank ruhen lassen.
3. Währenddessen Öl in einem großen Topf erhitzen. Dafür den Herd nur auf mittlere Stufe stellen. Wenn das Öl heiß ist, mit einem Eisportionierer etwas von dem Teig aufnehmen und mit einem Löffel den überstehenden Teig rund formen.
4. Den Teig vorsichtig aus dem Eisportionierer in das Öl gleiten lassen. Alternativ mit zwei Löffeln eine Kugel formen. Die Quarkbällchen müssen etwa 4–5 Minuten frittieren, bis sie dunkelbraun sind. Anschließend auf Küchenpapier abtropfen lassen und direkt in etwas Xylit wälzen.
5. Für die Füllung die Blaubeeren kurz in der Mikrowelle oder in einem Topf erhitzen und pürieren.
6. Mit Erythrit und Johannisbrotkernmehl vermischen, sodass eine dickflüssige Masse entsteht. Nach dem Abkühlen von Füllung und Quarkbällchen das Blaubeermus in einen Spritzbeutel mit einer kleinen spitzen Tülle geben und die Bällchen vorsichtig damit füllen.

PROTEINKAISERSCHMARRN

Für 3 Portionen
Pro Portion: 364 kcal/15,1 g F/4,1 g KH/42,8 g P

6 Eier
1 Prise Salz
30 g Xylit
300 ml Mandel- oder Kokosmilch
20 g Mandelmehl
90 g Proteinpulver, z. B. Vanille
optional: Kokosöl oder Butter zum Ausbacken
Puder-Xylit zum Bestreuen

1. Die Eier trennen. Das Eiweiß mit einer Prise Salz steif schlagen. Xylit mit dem Eigelb vermischen, bis es leicht schaumig ist.
2. Die Milch zur Eigelbmischung geben und kräftig verrühren.
3. Nach und nach das mit dem Mandelmehl vermischte Proteinpulver hineingeben und alles zu einer homogenen Masse verarbeiten.
4. Zum Schluss das steif geschlagene Eiweiß ganz vorsichtig unterheben.
5. In einer gut beschichteten Pfanne mit etwas Kokosöl bei mittlerer Hitze ausbacken, bis der Teig fest wird und von unten goldbraun ist. Dann erst wenden und den Teig in kleine Stücke zerteilen.
6. Am Ende den fertigen Kaiserschmarrn mit etwas Puder-Xylit bestreuen.

Tipp

Dazu schmeckt Low-Carb-Marmelade!

APPLE CRUMBLE MIT VANILLEQUARK

Für 4 Portionen
Pro Portion: 189 kcal/8,7 g F/11 g KH/15,3 g P

Für den Apple Crumble:

2 Äpfel
½ TL Zimt
75 g Mandelmehl
40 g Erythrit
30 g Butter

Für den Vanillequark:

250 g Quark
2 EL Mineralwasser mit Kohlensäure
15 g Xylit
½ TL gemahlene Vanille

1. Backofen auf 180 °C Umluft vorheizen.
2. Die Äpfel schälen, in kleine Würfel schneiden und in eine leicht gefettete Auflaufform geben. Mit Zimt bestreuen.
3. Mandelmehl, Erythrit und Butter mit den Händen oder mit dem Knethaken zu Streuseln verkneten. Die Streusel gleichmäßig über die Äpfel verteilen.
4. Anschließend ca. 25 Minuten backen, bis die Streusel goldbraun sind. Die Auflaufform sollte die ersten 20 Minuten am besten bedeckt werden, da die Streusel sehr schnell zu dunkel werden. Dies geht einfach mit einer umgedrehten Springform oder auch Alufolie.
5. Für den Vanillequark: Alle Zutaten cremig rühren. Zum noch warmen Crumble servieren.

Schokolasagne

Für eine Auflaufform, ca. 14 x 24 x 6 cm/ca. 8 Stück
Pro Portion: 192 kcal/14,2 g F/7 g KH/8,1 g P
Aufwendig, aber ein Highlight!

Für den Boden:

35 g Butter
18 g Zartbitterschokolade (mind. 70 % Kakaoanteil)
20 g Backkakao
35 g Erythrit
18 g Proteinpulver (z. B. Schokolade, Vanille)
18 g Mandelmehl
2 Eier (klein)
90 ml Mandelmilch
10 Tropfen Flavdrops (z. B. Schokolade)

Für die Sahne-Joghurt-Schicht:

60 ml fettarme Sahne (alternativ: normale Sahne)
10 g Sofort-Gelatine
75 g Joghurt, 3,5 % Fettgehalt
25 g Mascarpone (alternativ: Joghurt)
20 g Erythrit
5 Tropfen Flavdrops (z. B. Vanille)

Für den Schokopudding:

150 ml Mandelmilch
30 g Butter
20 g Erythrit
15 g Zartbitterschokolade (mind. 70 % Kakaoanteil)
15 g Backkakao
10 g Sofort-Gelatine

Für das Topping:

120 ml fettarme Sahne (alternativ: normale Sahne)
15 g Erythrit
5 g Sofort-Gelatine
15 g geraspelte Zartbitterschokolade

1. Den Backofen auf 180 °C Umluft vorheizen.
2. Für den Boden die Butter zusammen mit der Schokolade und dem Backkakao in einen kleinen Topf füllen und langsam warm werden lassen, bis Butter und Schokolade geschmolzen sind. Zwischendurch umrühren.
3. In einer Schüssel Erythrit, Proteinpulver und Mandelmehl vermischen.
4. Die Eier trennen. Eigelb zu den trockenen Zutaten geben und Eiweiß steif schlagen.
5. Mandelmilch und Flavdrops ebenfalls in die Schüssel füllen und alles gut verrühren.
6. Die warme Butter-Schoko-Masse hinzufügen, nochmals umrühren und als Letztes das geschlagene Eiweiß unterheben. In eine Backform umfüllen und im vorgeheizten Backofen bei 180 °C etwa 30–40 Minuten backen (Stäbchenprobe). Dazu sticht man mit einem Zahnstocher oder Holzstäbchen in die dickste Stelle des Teiges. Wenn beim Herausziehen des Stäbchens kein flüssiger Teig kleben bleibt, ist der Kuchen fertig durchgebacken. Bleiben allerdings Teigreste kleben, muss der Kuchen noch weiter gebacken werden. Wenn der Schokoboden fertig gebacken ist, diesen aus dem Backofen nehmen und abkühlen lassen.
7. Nun die Sahne-Joghurt-Schicht zubereiten. Dafür die Sahne mit der Gelatine vermengen und steif schlagen. Joghurt, Mascarpone, Erythrit und Flavdrops vermengen und die geschlagene Sahne unterheben.
8. Die Creme auf dem abgekühlten Schokoboden verteilen und die Auflaufform für mind. 2 Stunden in den Kühlschrank geben.
9. Für den Schokopudding alle Zutaten bis auf die Gelatine in einen kleinen Topf geben und unter ständigem Rühren langsam schmelzen lassen. Sobald eine homogene Masse entstanden ist, die Gelatine einrühren.
10. Die Schokolasagne aus dem Kühlschrank nehmen und den Schokopudding darauf verteilen. Über Nacht in den Kühlschrank stellen.
11. Vor dem Servieren die letzte Schicht fertigstellen. Dafür die Sahne mit Erythrit und Gelatine vermischen und steif schlagen. Danach auf der Lasagne verteilen und mit geraspelter Zartbitterschokolade garnieren.

TIRAMISU-CREME-DESSERT

Für 3 Portionen
Pro Portion: 324 kcal/32,7 g F/3,4 g KH/3,9 g P

200 g Sahne
100 g Mascarpone
25 g Erythrit
½ TL Vanillepulver
2–3 EL kalter Kaffee
1 TL Backkakaopulver

1. Die Sahne steif schlagen.
2. Mascarpone, Erythrit, Vanillepulver und Kaffee cremig rühren.
3. Steif geschlagene Sahne vorsichtig unterrühren, in 2–3 Serviergläser umfüllen und noch mal mind. 1 Stunde kühl stellen.
4. Zum Servieren Kakaopulver als Topping über die Creme sieben.

SCHOKOMOUSSE

Für 6 Portionen
Pro Portion: 493 kcal/45,5 g F/6 g KH/7,7 g P

250 g Low-Carb-Schokodrops mit Xylit
2 Eier
500 g Sahne
optional als Topping: Sahne und Früchte

1. Die Schokodrops über einem heißen Wasserbad schmelzen. Wenn die Schokolade geschmolzen ist, diese beiseitestellen.
2. Die zwei Eier ebenfalls schnell über dem heißen Wasserbad für etwa 30 Sekunden schaumig rühren. Die flüssige Schokolade mit den Eiern verrühren.
3. Die Sahne halb steif schlagen. Einen Teil der Sahne vorsichtig mit der Schokomasse vermengen. Die Schokosahne unter die restliche Sahne heben.
4. Die Schokomousse entweder portionsweise in Gläser füllen oder in eine Auflaufform geben.
5. Mindestens 3 Stunden kühl stellen. Zum Garnieren können aufgeschlagene Sahne und Früchte verwendet werden.

VANILLEPUDDING

Für 1 Portion
Pro Portion: 75 kcal/5,9 g F/2,1 g KH/1,9 g P

200 ml Mandelmilch ungesüßt (alternativ: Sojamilch)
20 g Puder-Erythrit
Mark von ½ Vanilleschote
1 Prise Salz
1 TL Guarkernmehl
etwas Zimt

1. Mandelmilch, Puder-Erythrit, Vanille und Salz in einen hohen Topf geben und unter Rühren langsam aufkochen.
2. Das Guarkernmehl vorsichtig einrieseln lassen, damit es nicht klumpt.
3. 5–10 Minuten unter ständigem Rühren köcheln lassen, bis die gewünschte Konsistenz erreicht ist. Evtl. noch etwas Guarkernmehl hinzufügen, um einen festeren Pudding zu erhalten.
4. Zum Servieren mit Zimt bestreuen.

Tipp

Vanillepudding ist eigentlich nicht gelb, sondern weiß wie die Milch. Wer den typischen Gelbton haben möchte, sollte mit Lebensmittelfarbe oder z. B. auch Kurkuma arbeiten.

Schokopudding-Variante

1 EL Kakaopulver, etwas Rumaroma und evtl. etwas Milch nachgießen.

SÜSSE HAPPEN

MANDELPRALINEN

Für etwa 15 Pralinen
Pro Praline: 114 kcal/10,0 g F/0,7 g KH/4,3 g P

200 g gemahlene Mandeln
30 g Backkakao
30 g Erythrit
eine Prise Salz
25 g gehackte Mandeln
30 g weißes Mandelmus
20 g Butter zimmerwarm
10 Tropfen Flavdrops (z.B. Schokolade)
80 ml Wasser

optional zum Ausrollen: Backkakao, gemahlene Mandeln oder gemahlene Pistazien

1. Alle trockenen Zutaten vermengen.
2. Mandelmus, zimmerwarme Butter, Flavdrops und Wasser hinzufügen und alles gut durchrühren.
3. Die Masse mit den Händen zu Kugeln in der gewünschten Pralinengröße formen.
4. Diese für mindestens 1 Stunde in den Kühlschrank geben.
5. Danach die Pralinen noch mal kurz in den Händen rollen und dann entweder in Backkakao, Mandeln oder Pistazien rollen oder direkt pur genießen.

SCHOKO-KOKOS-BÄLLCHEN

Für ca. 12 Stück
Pro Stück: 170 kcal/17,6 g F/0,8 g KH/0,7 g P

70 g Kakaobutter
100 g festes Kokosöl
60 ml Kokosmilch
2 gehäufte EL Kakaopulver
1 TL Vanillepulver
60 g Xylit
1 Prise Salz

Zum Bestreuen/Ausrollen:
4 EL Kokosraspel
1 TL Kakaopulver

1. Die Kakaobutter im Wasserbad schmelzen.
2. In einer großen Schüssel die geschmolzene Kakaobutter mit allen anderen Zutaten mithilfe eines Handmixers gründlich vermischen.
3. Die entstandene Masse etwa 10 Minuten lang in den Kühlschrank stellen.
4. Anschließend mit den Händen aus der etwas erhärteten Masse 10 bis 12 Bällchen formen und z. B. in Kakaopulver oder Kokosraspeln wälzen.
5. Die fertigen Bällchen lassen sich einige Tage lang im Kühlschrank aufbewahren.

KOKOSMAKRONEN

Für 30 Stück
Pro Stück: 32 kcal/4,1 g F/0,5 g KH/0,8 g P

3 Eiweiß
1 Prise Salz
100 g Xylit
200 g Kokosraspel

1. Ofen auf 180 °C Ober-/Unterhitze vorheizen.
2. Eiweiß mit einer Prise Salz steif schlagen. Nach kurzer Rührzeit das Xylit vorsichtig hineinrieseln lassen, damit der Eischnee nicht zusammenfällt, und weiter schlagen.
3. Kokosraspel zum gesüßten Eischnee geben. Kurz stehen lassen, damit die Kokosraspel einweichen können (ca. 5 Minuten).
4. In der Zwischenzeit ein Backblech mit Backpapier auslegen.
5. Dann mit einem Teelöffel kleine Kleckse auf das Backpapier setzen oder die Masse in eine Spritztüte füllen und mit einer Tülle schöne Makronen auf das Backpapier setzen.
6. Die Makronen bei 180 °C Ober-/Unterhitze für ca. 10–15 Minuten backen.
7. Gut auskühlen lassen.

FRUCHTGUMMI

Für ca. 12 Stück
Pro Stück: 3 kcal/0 g F/0,1 g KH/0,7 g P

1 Packung ungesüßte Götterspeise (z. B. Kirsche)
100 ml Wasser
1 TL Puder-Erythrit
1 EL Quark

1. Götterspeise, Wasser und Puder-Erythrit in einem Topf vermischen und erwärmen, bis sich eine homogene Masse gebildet hat.
2. Die Hälfte der Masse in eine Silikonform geben, die andere Hälfte mit 1 EL Quark vermischen und den Rest der Form befüllen. Das ergibt zwei unterschiedliche Farben und einen etwas anderen Geschmack.
3. Die Silikonform für 1–2 Stunden in den Kühlschrank stellen.

Tipp

Einfach ungesüßte Götterspeise nach Wunsch verwenden, z. B. Zitrone, Waldmeister, Himbeere usw.

ERDNUSS-SCHOKO-FUDGE

Eine flache Back-/Auflaufform mit mind. 20 cm Länge oder auch ein Backblech
Für 20 Stück
Pro Stück: 128 kcal/10,9 g F/1,9 g KH/3,9 g P

250 g Erdnussmus
120 ml Kokosmilch
50 ml Kokosöl sowie ein zusätzlicher EL Kokosöl
60 g Xylit, nach Geschmack
½ TL Vanillepulver
1 Prise Salz
1 EL Kakaopulver
optional: einige gehackte Erdnüsse

1. Das Erdnussmus mit der Kokosmilch und dem Kokosöl in einer Schüssel vermengen und im Wasserbad unter gelegentlichem Rühren erwärmen, bis sich eine homogene Masse gebildet hat.
2. Xylit hinzufügen und gemeinsam mit einer Prise Salz und ½ TL Vanillepulver unterrühren.
3. Eine kleine Kastenform, ein Backblech oder ein ähnliches eckiges Behältnis mit Backpapier auslegen und etwa ⁴⁄₅ der Erdnussmasse darin verteilen.
4. Das übrige Fünftel der Erdnussmasse mit 1 EL Kakaopulver sowie 1 EL flüssigem Kokosöl vermengen und anschließend gleichmäßig auf der bereits in die Backform gefüllten Erdnussmasse verteilen.
5. Mithilfe eines Messers nun mit Zickzackbewegungen beide Lagen leicht miteinander verrühren. Das ergibt ein schönes Muster.
6. Optional: Gehackte Erdnüsse auf dem Fudge verteilen.
7. Die Fudge-Masse für mindestens 6 Stunden in den Kühlschrank stellen. Nach dem Erkalten lässt sich das Fudge mitsamt Backpapier aus der Form heben.
8. Das Backpapier von den Seiten lösen und das Fudge mit einem scharfen Messer in rechteckige Stücke schneiden.

Tipp

Wer Erdnüsse nicht verträgt, kann das Erdnussmus durch z. B. Haselnuss- oder Mandelmus ersetzen.

MATCHA-FUDGE

Für ca. 20 Stück
Pro Stück: 128 kcal/12,6 g F/1,4 g KH/0,9 g P

100 g feste Kokosmilch (aus einer Dose Kokosmilch mit 200–400 g, gekühlt)
130 g Kakaobutter
30 g Kokosöl
40 g Frischkäse
60 g Xylit
2 TL Vanillepulver
1 EL Matchapulver
1 EL Kakaopulver

1. Die Dose Kokosmilch am besten über Nacht in den Kühlschrank stellen. Das feste Kokosfett setzt sich dann in der Dose ab.
2. Die Kakaobutter in einer Schüssel im Wasserbad schmelzen.
3. 100 g des festen Teils der gekühlten Kokosmilch (Kokosfett) sowie das Kokosöl in die geschmolzene Kakaobutter einrühren, bis keine festen Bestandteile mehr vorhanden sind.
4. Die Schüssel aus dem Wasserbad nehmen und den Frischkäse, das Xylit sowie das Vanillepulver hinzugeben. Erneut rühren, bis alles gut vermischt ist.
5. Nun die Mischung auf zwei Schüsseln aufteilen. Den einen Teil mit Matcha verrühren, den anderen mit Kakaopulver.
6. Die Mischung mit dem Matcha in eine kleine eckige, mit Backpapier ausgelegte Kastenform oder ein ähnliches Behältnis füllen und für etwa 20 Minuten ins Gefrierfach stellen. Nach dieser Zeit sollte sich eine feste Masse gebildet haben, auf die man nun die Schokomischung gießen kann.
7. Das Fudge mindestens für 6 Stunden in den Kühlschrank stellen und fest werden lassen.
8. Mithilfe des Backpapiers aus der Form entfernen und mit einem scharfen Messer in rechteckige Stücke schneiden.
9. Im Kühlschrank aufbewahren.

KUCHEN

Erdbeerkuchen

Für eine 18-cm-Springform/ca. 8 Stück
Pro Stück: 164 kcal/5,8 g F/11,2 g KH/13,4 g P

Für den Boden:

35 g gemahlene Mandeln
40 g Weizenkleie
60 g Mandelmehl
40 g Erythrit
1 Päckchen Backpulver
160 ml Mandelmilch
2 Eier

Für den Zwischenbelag:

500 g Erdbeeren

Für die Creme:

450 g Frischkäse
50 g Erythrit
10 Tropfen Flavdrops
(z. B. Vanille oder Erdbeere)
35 ml Milch
3 g Johannisbrotkernmehl

Für das Erdbeer-Topping:

250 g Erdbeeren

1. Den Backofen auf 170 °C Umluft vorheizen.
2. Für den Boden zuerst die trockenen Zutaten in einer Rührschüssel gut vermengen, dann Mandelmilch und Eier hinzufügen und nochmals alles verrühren.
3. Eine Springform einfetten, den Teig hineingeben und die Form in den Ofen stellen.
4. Etwa 25–30 Minuten backen.
5. Wenn der Boden fertig gebacken ist, diesen aus dem Ofen nehmen und abkühlen lassen.
6. Für den Belag die Erdbeeren vom Strunk befreien und für den Kuchen zurechtschneiden. Nach Belieben auf den Kuchen legen (Erdbeerhälften) oder stellen (ganze Erdbeeren und nur den Strunk abschneiden).
7. Für die Creme den Frischkäse mit Erythrit, Flavdrops und Milch gut vermischen. Das Johannisbrotkernmehl unter Rühren langsam einrieseln lassen, damit die Frischkäsemasse steif wird.
8. Die Frischkäsecreme wird nun auf den mit Erdbeeren belegten Tortenboden verteilt.
9. Den Kuchen am besten über Nacht in den Kühlschrank stellen und vor dem Servieren noch mit Erdbeeren toppen.

Schokoladiger Zucchini-Traum mit Johannisbeeren

Für eine 18-cm-Springform/ca. 8 Stück
Pro Stück: 140 kcal/7,3 g F/4,1 g KH/12,9 g P

Für den Boden:

500 g Zucchini
3 Eier
15 g Backkakao
50 g Proteinpulver (z. B. Schokolade)
30 g Mandelmehl
20 g Puder-Erythrit

Für die Creme:

100 g Magerquark
10 g Puder-Erythrit
100 g Sahne
1 Päckchen Sahnesteif

Für das Topping:

150 g Johannisbeeren

1. Backofen auf 180 °C Ober-/Unterhitze vorheizen.
2. Zucchini waschen und raspeln oder in einen leistungsfähigen Mixer geben und zerkleinern. Anschließend die geraspelte Zucchini in ein Geschirrtuch geben und das Wasser ausdrücken.
3. Jetzt die Zucchiniraspel in eine Rührschüssel geben, die restlichen Zutaten für den Boden nacheinander hinzufügen und zu einer homogenen Masse verrühren.
4. Der Teig sollte nun kräftig schokoladig aussehen und nicht zu flüssig sein. Falls dies doch der Fall sein sollte, einfach noch ein wenig Mandelmehl dazugeben.
5. Den Boden der Springform mit Backpapier auslegen bzw. die Form einfetten.

6. Nun den Teig in die Springform geben und bei 180 °C Ober-/Unterhitze 20–30 Minuten backen. Falls möglich, den Boden aus der Form lösen und umdrehen. Weitere 15–20 Minuten backen. So beugt man nassen Stellen vor (hoher Wassergehalt der Zucchini trotz Ausdrücken der Raspel). Falls sich der Boden nicht lösen lässt, liegt die Gesamtbackzeit je nach Teigkonsistenz bei 40–50 Minuten.
7. Mit Stäbchenprobe überprüfen, ob der Teig fertig gebacken ist. Springform öffnen und den Boden abkühlen lassen.
8. Den ausgekühlten Boden kann man entweder mit einer dickeren Lage Creme bestreichen oder in der Mitte durchschneiden und dann jeweils 2 dünne Cremeschichten aufziehen.
9. Für die Creme Quark mit Erythrit kurz aufrühren. Sahne in eine Schüssel geben und steif schlagen. Während des Rührens Sahnesteif einrieseln lassen.
10. Die feste Sahne unter die Quarkmasse heben und auf dem Zucchinikuchen verteilen.
11. Den Kuchen nun mind. 1–2 Stunden kühl stellen und zum Servieren mit frischen Johannisbeeren belegen.

Russischer Zupfkuchen

Für eine 26-cm-Springform/ca. 12 Stück
Pro Stück: 362 kcal/23,9 g F/4,5 g KH/15,9 g P

Für den Teig:

200 g Mandelmehl
50 g Kokosmehl
1 Päckchen Backpulver
⅓ TL Guarkernmehl
150 g Xylit
40 g Backkakao
150 g Butter, zimmerwarm
1 Ei
1 Prise Salz
etwas Butter zum Einfetten der Form

Für die Füllung:

3 große Eier
140 g Xylit
175 ml Sahne
500 g Quark, 30 % Fettgehalt
⅓ TL Guarkernmehl
60 g Butter, zerlassen
1 Prise Salz

1. Ofen auf 180 °C Ober-/Unterhitze vorheizen.
2. Für den Teig das Mandelmehl mit dem Kokosmehl, dem Backpulver und dem Guarkernmehl vermischen. Das Xylit und das Kakaopulver dazugeben.
3. Anschließend Butter sowie ein Ei und eine Prise Salz ebenfalls zur Trockenmischung geben und mit kühlen Händen oder einem Handmixer kneten, bis eine homogene Masse entstanden ist.
4. ¼ des Teigs entnehmen und in einer Schüssel in den Kühlschrank stellen – er wird später zum Verteilen auf der Kuchenfüllung benötigt.
5. Den Boden der Springform mit Backpapier auslegen und sowohl den Boden als auch den Rand mit etwas Butter einfetten.

6. Den Boden und Rand der Kuchenform mit dem Teig auskleiden (mit den Händen gleichmäßig andrücken). Am Rand der Form aber nur bis zu etwa ¾ der Backformhöhe.
7. Für die Füllung nun Eier und Xylit schaumig schlagen. Sahne steif schlagen. Quark, Guarkernmehl, zerlassene Butter und eine Prise Salz unterrühren. Zuletzt die geschlagene Sahne vorsichtig unterheben.
8. Die Füllung in die mit Teig ausgekleidete Backform geben und glatt streichen.
9. Das übrige Viertel des Teigs aus dem Kühlschrank holen, zerzupfen und auf der Füllung verteilen.
10. Im vorgeheizten Backofen etwa 60 Minuten lang backen.
11. In den letzten 15 Minuten der Backzeit den Kuchen eventuell mit Alufolie abdecken und die Hitze auf 170 °C reduzieren, um ein zu starkes Bräunen zu verhindern.
12. Vor dem Anschneiden den Kuchen gut auskühlen lassen.

HIMBEER-QUARK-ROLLE

Für 1 Rolle mit ca. 10 Stücken
Pro Stück: 64 kcal/3 g F/7,8 g KH/7 g P

3 Eier
100 g Magerquark
30 g ungesüßtes Vanillepuddingpulver
20 g Mandelmehl
20 g Erythrit
1 Prise Salz
100 g gefrorene Himbeeren
225 g Quark
20 ml Mandelmilch
40 g Erythrit
10 Tropfen Flavdrops (z. B. Himbeere oder Vanille)

1. Den Backofen auf 150 °C Umluft vorheizen.
2. Die Eier trennen. Eigelb mit Magerquark vermischen. Puddingpulver, Mandelmehl, Erythrit und Salz hinzugeben und gut rühren. Eiweiß steif schlagen und unterheben.
3. Den Biskuitteig auf ein mit Backpapier ausgelegtes Backblech geben und rechteckig verteilen, bis er etwa 1 Zentimeter hoch ist.
4. In den Backofen geben und 10 Minuten backen.
5. Währenddessen die gefrorenen Himbeeren pürieren. Außerdem den Quark mit Mandelmilch, Erythrit und den Flavdrops vermischen und abschmecken.
6. Wenn der Biskuitboden fertig gebacken ist, aus dem Backofen nehmen und vorsichtig versuchen, vom Backpapier zu lösen. Wenn das nicht problemlos möglich ist, den Boden umgekehrt auf ein trockenes Küchentuch legen, von oben ein zweites kaltes, feuchtes Tuch darauflegen und 1–2 Minuten warten. Dann erneut versuchen, den Boden vom Backpapier zu lösen.
7. Wenn der Biskuitboden abgelöst ist, komplett mit der Quarkmasse bestreichen und zum Schluss die pürierten Himbeeren stellenweise verteilen.
8. Dann vorsichtig aufrollen, in Folie wickeln und für mindestens 2 Stunden in den Kühlschrank geben.

Zebrakuchen

Für eine 26-cm-Springform/ca. 12 Stück
Pro Stück: 212 kcal/9,8 g F/5,4 g KH/14,7 g P

5 Eier
100 g Butter, Zimmertemperatur
200 g Xylit
3 TL Backpulver
1 Prise Salz
½ TL Guarkernmehl
1 TL Vanillepulver
1 kg Quark, 30 % Fettgehalt
175 g Frischkäse
40 g Kakaopulver

1. Den Backofen auf 175 °C Ober-/Unterhitze vorheizen.
2. Eier trennen. In einer großen Schüssel die Butter mit dem Xylit verrühren und das Eigelb einrühren. Backpulver, Salz, Guarkernmehl, Vanillepulver, Quark und Frischkäse einrühren. Das Eiweiß steif schlagen und vorsichtig unterheben.
3. Die eine Hälfte der Masse in eine andere Schüssel füllen, das Kakaopulver einsieben und alles gründlich vermischen.
4. Den Boden der Springform mit Backpapier auslegen und sowohl den Boden als auch den Rand mit etwas Butter einfetten.
5. Nun immer abwechselnd jeweils 2 gehäufte Esslöffel des hellen und des dunklen Teiges übereinander in die Mitte der Backform geben, bis die Masse aufgebraucht ist. Die eingefüllte Masse zerläuft langsam zum Rand der Springform und erhält durch das Schichten eine schöne Zebrastreifen-Maserung. Sollte sich am Ende keine gleichmäßige, glatte Oberfläche gebildet haben, hilft es, die Backform vorsichtig hin und her zu schieben.
6. Den Kuchen nun zunächst etwa 30 Minuten lang backen, anschließend aus dem Ofen nehmen und entlang des Backformrands mit einem scharfen Messer einschneiden.
7. 15 Minuten lang abkühlen lassen und dann erneut für 30 Minuten in den Ofen geben. Danach den Ofen ausschalten und den Kuchen bei geschlossener Backofentür auskühlen lassen.
8. Den Kuchen mit einem scharfen Messer vom Rand lösen und vorsichtig aus der Springform nehmen.

LIMETTEN-KOKOS-KUCHEN

Für eine 23-cm-Springform/ca. 12 Stück
Pro Stück: 299 kcal/24,8 g F/8 g KH/11,5 g P

Für den Boden:

100 g Butter
120 g Mandelmehl
75 g Kokosmehl
30 g Erythrit

Für die Creme:

450 g Frischkäse, 14 % Fett i. Tr.
30 ml Vanillesirup, zuckerfrei
460 g Sahne, 30 % Fett
8 Blatt Gelatine
250 ml frisch gepresster Limettensaft (ca. 9–10 Limetten)
125 g Erythrit
optional: grüne Lebensmittelfarbe

Für das Topping:

70 g Kokosraspel
50 g Blaubeeren

1. Den Ofen auf 180 °C Ober-/Unterhitze vorheizen.
2. Butter schmelzen. Mandelmehl, Kokosmehl und Erythrit in einer Schüssel vermengen. Die flüssige Butter hinzugeben und alles zu einem Teig verkneten.
3. Die Springform gut ausfetten, den Teig hineingeben und festdrücken.
4. Im Ofen 10–15 Minuten backen. Danach komplett abkühlen lassen.
5. In einer großen Schüssel Frischkäse mit Vanillesirup cremig rühren, evtl. für einen stärkeren Grünton etwas grüne Lebensmittelfarbe hinzugeben.
6. Die Sahne in eine Schüssel geben und steif schlagen.

7. Gelatineblätter für 5 Minuten in kaltem Wasser quellen lassen, danach ausdrücken und in einem Topf erhitzen. Die Gelatine unter Rühren auflösen und den Limettensaft und das Erythrit einrühren.
8. Den Gelatinemix langsam und unter ständigem Rühren unter den Vanillefrischkäse geben. Die steif geschlagene Sahne unterheben und die Creme auf dem erkalteten Boden glatt verstreichen.
9. Für mindestens 4 Stunden im Kühlschrank fest werden lassen.
10. Für die Dekoration Kokosraspel in einer Pfanne ohne Fett rösten und mit den Blaubeeren auf dem Kuchen verteilen.

ERDBEER-BISKUITROLLE

Für 1 Rolle mit 12 Stück
Pro Stück: 170 kcal/10,2 g F/3,8 g KH/6,9 g P

Für den Teig:

4 Eier
1 Prise Salz
3 EL kaltes Wasser
100 g Xylit, 1 EL Xylit extra für das Geschirrtuch
60 g Mandelmehl
25 g Kokosmehl
1 TL Backpulver
1 TL Natron

Für die Füllung:

300 g Erdbeeren
300 ml Sahne
45 g Xylit
1 TL Vanillepulver
175 g Frischkäse
optional: etwas Puder-Eythrit

1. Den Ofen auf 175 °C Ober-/Unterhitze vorheizen.
2. Eier trennen. Für den Teig das Eiweiß mit einer Prise Salz und 3 EL kaltem Wasser steif schlagen. 70 g Xylit dazugeben und weiter steif schlagen.
3. Die restlichen 30 g Xylit mit dem Eigelb schaumig schlagen und unter den Eischnee mischen.
4. Das Mandelmehl mit dem Kokosmehl, Backpulver und Natron vermengen. Anschließend zum Eier-Xylit-Schaum geben und alles miteinander vermischen.
5. Ein Backblech mit Backpapier auslegen und den Teig gleichmäßig auf einer Fläche von etwa 30 x 40 cm verteilen und glatt streichen.
6. Den Teig im Ofen für etwa 10–13 Minuten backen – nicht zu lange, sonst wird der Biskuit zu trocken.
7. Während der Backzeit ein Geschirrtuch auf der Arbeitsfläche ausbreiten und mit ein wenig Xylit bestreuen.

8. Wenn der Biskuit fertig gebacken ist, zügig aus dem Ofen nehmen, mit dem Backpapier in einer Bewegung wenden und auf das Geschirrtuch legen, sodass der Teig direkt auf dem Geschirrtuch liegt und das Backpapier nach oben zeigt. Mit einem Pinsel etwas Wasser auf das Backpapier streichen, damit sich das Papier besser vom Teig löst. Anschließend vorsichtig vom Biskuitteig entfernen und den Boden von einer der kurzen Seiten aus mitsamt dem Geschirrtuch zur gegenüberliegenden kurzen Seite vorsichtig einrollen.
9. Den Biskuitteig zusammengerollt nun etwa 20 Minuten lang abkühlen lassen.
10. In der Zwischenzeit die Füllung vorbereiten: Erdbeeren waschen und in Scheiben schneiden. Einen Teil der Erdbeeren für das Topping beiseitestellen. Sahne mit dem Xylit und dem Vanillepulver steif schlagen und anschließend den Frischkäse einrühren.
11. Den abgekühlten Biskuitteig wieder ausrollen und mit der Sahne-Frischkäse-Mischung bestreichen. Die Erdbeerscheiben darauf verteilen und etwas andrücken.
12. Als letzten Schritt den Biskuit wieder zusammenrollen. Dabei das noch unter dem Teig befindliche Geschirrtuch als Hilfe nutzen, indem man es einfach anhebt, sodass der Teig sich fast von alleine zusammenrollt. Das Ende sollte bei der fertigen Biskuitrolle nach unten zeigen.
13. Man kann die Biskuitrolle noch mit Puder-Erythrit bestreuen und den restlichen Erdbeeren belegen.

Johannisbeer-Streuselkuchen

Für eine Form, z. B. 26 x 20 x 5 cm/ca. 12 Stück
Pro Stück: 235 kcal/19,9 g F/2,9 g KH/7,9 g P

500 g Johannisbeeren
1 Ei
250 g weiche Butter
200 g Mandelmehl
50 g Flohsamenschalenpulver
200 g Puder-Erythrit

1. Den Backofen auf 175 °C Ober-/Unterhitze vorheizen.
2. Johannisbeeren waschen, vom Strunk befreien und trockentupfen.
3. Das Ei, die Butter, das Mandelmehl, die Flohsamenschalen und das Puder-Erythrit miteinander vermengen. Den Teig gut verkneten, bis eine gleichmäßige Masse entstanden ist.
4. Die Backform mit Backpapier auslegen.
5. Etwa die Hälfte oder 2/3 vom Teig nehmen und die Form damit dünn auskleiden. Hier wird je nach Höhe der Form entschieden.
6. Die Johannisbeeren auf dem Boden der Form gleichmäßig verteilen. Aus dem restlichen Teig Streusel formen und auf dem Kuchen verteilen.
7. Den Johannisbeerkuchen in den Ofen geben und bei 175 °C Ober-/Unterhitze 50 Minuten backen. Darauf achten, dass die Streusel nicht zu dunkel werden.
8. Vor dem Servieren gut abkühlen lassen.

MUFFINS UND MUGCAKES

PROTEINMUFFINS MIT HEIDELBEEREN

Für 4 Stück
Pro Stück: 101 kcal/2,6 g F/3,8 g KH/13,2 g P

150 g Quark
1 Ei
25 g Kokosmehl
30 g Proteinpulver Schoko
20 g Erythrit
60 g Heidelbeeren

Muffinförmchen

1. Den Ofen auf 160 °C Ober-/Unterhitze vorheizen.
2. Quark und Ei miteinander vermengen, Kokosmehl und Proteinpulver sowie das Erythrit dazugeben.
3. Alles zu einem gleichmäßigen Teig vermengen.
4. Zum Schluss die Heidelbeeren unterheben und die Masse in Muffinförmchen füllen.
5. Bei 160 °C ca. 25–30 Minuten im Ofen backen.

Kokosmuffins

Für 12 Stück
Pro Stück: 205 kcal/18 g F/2,6 g KH/5 g P

Für die Kokosmuffins:

½ Bio-Zitrone
125 g Kokosmehl
80 g Erythrit
1 Päckchen Backpulver
200 g weiche Butter
4 Eier
6 EL Milch
15 g Backkakao

Für den »Zuckerguss«:

½ Bio-Zitrone
150 g Puder-Erythrit
15 g Kokosraspel

12 Muffinförmchen und Muffinblech

1. Den Ofen auf 180 °C Ober-/Unterhitze vorheizen.
2. Zitrone heiß abwaschen und ½ Zitrone mithilfe einer Reibe fein abreiben. Eine Hälfte auspressen.
3. Kokosmehl, Erythrit und Backpulver in einer Rührschüssel vermengen. Butter, Eier, Zitronenabrieb, Zitronensaft und Milch mit in die Rührschüssel geben und alles gut vermengen.
4. Für den dunklen Teig eine Hälfte des Teiges in eine zweite Schüssel geben und den Backkakao unterrühren.
5. Ein Muffinblech mit 12 Muffinförmchen auslegen und jeweils 1 EL des hellen Teiges und 1 EL des dunklen Teiges hineingeben. Mit einer Gabel den hellen Teig und den dunklen Teig leicht verquirlen.
6. Die Muffins für 25 Minuten backen und danach komplett abkühlen lassen.

7. Für den Zuckerguss die zweite Hälfte der Zitrone auspressen. 2 EL Zitronensaft und 150 g Puder-Erythrit in einen Topf geben und erwärmen, bis sich das Erythrit auflöst und eine sirupartige Masse entsteht.
8. Den Guss auf die Muffins geben und jeweils mit ein paar Kokosflocken bestreuen.

SCHOKOMUFFINS

Für 12 Stück
Pro Stück: 164 kcal/10,4 g F/1,9 g KH/7,7 g P

3 Eier
120 g Xylit
80 g weiche Butter
2 TL Backpulver
150 g Mandelmehl
30 g Kakaopulver
200 g griechischer Joghurt
2 cl Rum (alternativ: Rumaroma)
bei Bedarf etwas Wasser, Milch oder Sahne

12 Muffinförmchen und Muffinblech

1. Den Backofen auf 180 °C Umluft vorheizen.
2. Die Eier mit dem Xylit und der Butter schaumig rühren.
3. Das Backpulver mit dem Mandelmehl und dem Kakaopulver vermengen. Das Mehlgemisch unter Rühren zu der Eier-Butter-Masse geben.
4. Gut verrühren und den Joghurt sowie Rum dazugeben. Falls der Teig zu fest ist, noch etwas Flüssigkeit in Form von Wasser, Milch oder Sahne hinzugeben.
5. Die Muffinförmchen auf die Mulden des Muffinblechs verteilen. Den Teig in die Förmchen einfüllen.
6. Die Muffins nun für ca. 30–40 Minuten in den Backofen geben. Mit einem Stäbchen testen, ob die Muffins durch sind.
7. Muffinblech aus dem Ofen nehmen, Muffins noch warm aus den Mulden nehmen und dann abkühlen lassen.

VANILLE-PROTEIN-MUGCAKE MIT BEEREN

Zutaten für 1 Stück
Pro Stück: 353 kcal/9,8 g F/8,4 g KH/55,9 g P

50 g Proteinpulver, z. B. Vanille
1 Ei
1 TL Backpulver
1 TL Xylit
50 ml Milch
optional:
50 g Quark oder Joghurt
Beeren nach Belieben

1. Alle Zutaten cremig rühren.
2. Die Masse in eine Tasse oder eine mikrowellengeeignete Schüssel geben und in der Mitte eine kleine Einbuchtung formen.
3. Für 1 Minute bei 800 Watt in der Mikrowelle backen.
4. Anschließend Beeren nach Wahl und Saison in die Mitte geben und weitere 2–3 Minuten in der Mikrowelle backen.
5. Optional: Mit 50 g Quark oder Joghurt noch warm genießen.

MUGCAKE »COOKIE DOUGH«

Zutaten für 1 Stück
Pro Stück: 445 kcal/18 g F/15,3 g KH/51,6 g P

60 g Mandelmehl
20 g Proteinpulver nach Wahl
1 Ei
100 ml Milch
1 TL Backpulver
1 EL Xylit
10 g Schokoraspel

1. Alle Zutaten bis auf die Schokoraspel cremig rühren, in eine Tasse geben und für 1 Minute backen.
2. Anschließend die Schokoraspel zum Teig in die Tasse geben und weitere 2–3 Minuten bei 800 Watt in der Mikrowelle backen lassen.
3. Eventuell abdecken, da er oben schneller gebacken wird als unten in der Tasse.
4. Vorsichtig aus der Mikrowelle nehmen und noch warm genießen.

SÜSSE TEILCHEN UND KEKSE

WINDBEUTEL

Zutaten für 8 Stück
Pro Stück: 30 kcal/2,4 g F/0,5 g KH/1,6 g P

3 Eiweiß
1 Prise Salz
¼ TL Vanillepulver
1 TL Puder-Erythrit
65 g Schlagsahne
1 TL Puder-Erythrit

1. Backofen auf 160 °C Ober-/Unterhitze vorheizen.
2. Das Eiweiß mit der Prise Salz steif schlagen. Vanillepulver und Puder-Erythrit vorsichtig unter Rühren einrieseln lassen.
3. Mit einem Löffel oder einem Eisportionierer mittelgroße Bälle formen und auf ein mit Backpapier ausgelegtes Backblech setzen.
4. 10–15 Minuten bei 160 °C backen.
5. Nach dem Abkühlen der Windbeutel können sie gefüllt werden. Dazu die Sahne steif schlagen. Puder-Erythrit unter Rühren einrieseln lassen.
6. Die süße Sahne mit einer Tülle einspritzen oder die Windbeutel leicht einschneiden und mit einem Löffel füllen.

MOHNSCHNECKEN

Zutaten für 20 Stück
Pro Stück: 77 kcal/6,1 g F/6,7 g KH/7,1 g P

Für den Teig:

60 g Mandelmehl oder gemahlene Mandeln
30 g Kokosmehl
5 g Backpulver
5 g Guarkernmehl
50 g Erythrit
125 g Mozzarella, 45 % Fett i. Tr.
50 g Butter
1 Ei

Für die Mohnfüllung:

70 g gemahlener Mohn
40 g gehackte Mandeln
20 ml Vanillesirup, zuckerfrei
20 g Erythrit

Für den Guss:

20 ml frisch gepresster Zitronensaft
50 g Puder-Erythrit

1. Mandelmehl, Kokosmehl, Backpulver, Guarkernmehl und Erythrit in einer Schüssel vermengen.
2. Mozzarella in Würfel schneiden und mit der Butter und dem Ei in einem hohen Gefäß pürieren.
3. Die Mozzarella-Masse zu den trockenen Zutaten geben und mit den Händen gut zu einem Teig verkneten.
4. Den Teig in Frischhaltefolie einwickeln und für 2 Stunden kühlen lassen.
5. Währenddessen die Zutaten für die Mohnfüllung vermischen.
6. Den Ofen auf 190 °C Ober-/Unterhitze vorheizen und ein Backblech mit Backpapier auslegen.

7. Den gekühlten Teig zwischen zwei Lagen Backpapier oder Frischhaltefolie zu einem Rechteck von ½–1 cm Höhe ausrollen.
8. Die Mohnmischung auf dem Teig verteilen und mit den Händen leicht festdrücken. Anschließend den Teig aufrollen, mit einem scharfen Messer in 2 cm dicke Scheiben schneiden und auf das Backblech setzen.
9. Die Schnecken für 15 Minuten auf mittlerer Schiene backen und anschließend abkühlen lassen.
10. Für den Guss Zitronensaft und Puder-Erythrit in einem Topf schmelzen lassen und mit einem Pinsel auf den Schnecken verteilen.

HIMBEERBAISER

Für 20 Stück
Pro Stück: 3 kcal/0 g F/0,1 g KH/0,8 g P

2 Eiweiß
50 g Puder-Erythrit
1 Packung Himbeer-Götterspeise (Pulver, zuckerfrei)

Spritzbeutel

1. Den Ofen auf 100 °C Ober-/Unterhitze vorheizen.
2. Ein Backblech mit Backpapier auslegen.
3. Eiweiß in einem hohen Gefäß steif schlagen. Den Erythrit-Puderzucker und die ungezuckerte Himbeer-Götterspeise vorsichtig mit einrühren.
4. Die Masse in einen Spritzbeutel füllen und in beliebiger Form auf das vorbereitete Backblech spritzen.
5. Das Backblech in das untere Drittel des Ofens schieben und Baiser für 70 Minuten im Ofen trocknen lassen.

Mandelschälchen mit Quarkfüllung

Für 4 Stück
Pro Stück: 157 kcal/12,1 g F/1,5 g KH/10,1 g P

Für die Schälchen:
15 g Butter/Kokosöl
40 g gemahlene Mandeln
25 g geschrotete Leinsamen
25 g Erythrit
evtl. noch 1–2 TL Mandelmilch

Für die Füllung:
20 g Proteinpulver nach Wahl, z. B. Vanille
60 g Quark
25 ml Mandelmilch

Beeren als Topping nach Belieben

1. Butter oder Kokosöl schmelzen. Nun die zerlassene Butter und alle anderen Schälchen-Zutaten gut verrühren, bis ein fester, aber gut formbarer Teig entsteht. Evtl. noch etwas Mandelmilch hinzufügen.
2. Teig in Torteletteförmchen aus Silikon füllen und eindrücken (Boden und Rand auskleiden).
3. 2–2 ½ Minuten bei 800 Watt in die Mikrowelle geben. Zwischendurch kurz überprüfen und nochmals etwas platt drücken, weil sie aufgehen. Evtl. noch mal ½–1 Minute in der Mikrowelle backen. Auskühlen lassen.
4. Die Zutaten für die Füllung mixen und einfüllen.
5. Nach Belieben mit Beeren toppen.

Tipp

Die Törtchen können alternativ auch im Backofen bei 160 °C Ober-/Unterhitze für ca. 10-15 Minuten gebacken werden.

MIKROWELLEN-BROWNIES MIT KEKSTEIGFÜLLUNG

Für 5 Stück
Pro Stück: 187 kcal/12,4 g F/2,4 g KH/13,8 g P
Gebacken in einer Silikonform mit Mulden von 9 x 3 cm, alternativ aufs Backblech streichen und bei 180 °C Ober-/Unterhitze für 15–20 Minuten im Ofen backen.

Für die Brownies:
150 g Zucchini
25 g gemahlene Mandeln
20 g Schoko-Proteinpulver
1 Ei
10 ml Kokosöl flüssig (optional)
15 g Kakao
35 g Erythrit
15 g geschrotete Leinsamen

Für die Füllung:
25 g Kokosmehl
25 g Vanille-Proteinpulver
25 g Mandelmus
1–3 EL Mandelmilch/Wasser

1. Zucchini waschen und in Stücke schneiden.
2. Alle Zutaten für die Brownies pürieren.
3. Den Teig in die Silikonform streichen und für 3–4 Minuten bei 800 Watt in die Mikrowelle geben, bis der Teig fest ist. Bereits nach 3 Minuten überprüfen, ob die Brownies fertig sind, ansonsten noch 1 Minute weiterbacken. Vollständig abkühlen lassen.
4. Jetzt die Brownies aufschneiden, um sie zu füllen.
5. Kokosmehl, Proteinpulver und Mandelmus verrühren und nach und nach 1–3 EL Wasser oder Mandelmilch unterrühren, bis eine feste Füllmasse entsteht.
6. Die Füllung nun jeweils auf eine Hälfte der Brownies geben und mit der anderen Hälfte belegen.

Tipp

Mit selbst gemachter Low-Carb-Schokoglasur (siehe S. 44) bestreichen.

MANDEL-CANTUCCINI

Für 20 Cantuccini
Pro Stück: 111 kcal/8,7 g F/0,9 g KH/3,8 g P

50 g Butter
80 g Xylit
2 große Eier
2 TL Vanillepulver
Abrieb einer Bio-Zitrone
150 g fein gemahlene Mandeln
3 EL Kokosmehl
1 Prise Salz
1 TL Backpulver
70 g ganze Mandeln

1. Den Backofen auf 160 °C Ober-/Unterhitze vorheizen.
2. Butter in einem Topf zerlassen. Danach in eine Schüssel füllen und zusammen mit Xylit, Eiern, Vanillepulver und Zitronenabrieb mithilfe eines Schneebesens verrühren.
3. In einer anderen Schüssel die gemahlenen Mandeln, das Kokosmehl, Salz und Backpulver vermengen.
4. Nun die trockenen Zutaten mit dem Xylit-Ei-Gemisch verrühren. Anschließend die ganzen Mandeln unterheben.
5. Ein Backblech mit Backpapier auslegen und darauf aus der Cantuccini-Masse einen länglichen, etwa 2 cm hohen Laib formen.
6. Den Cantuccini-Teig im Ofen auf mittlerer Schiene etwa 25–30 Minuten lang goldbraun backen. Anschließend aus dem Ofen nehmen und gut auskühlen lassen.
7. Den Laib mit einem scharfen Messer vorsichtig in leicht schräge Scheiben schneiden.
8. Die einzelnen Scheiben behutsam auf einem Backblech platzieren und noch einmal für etwa 15 Minuten im Ofen bei 160 °C rösten, bis sie goldbraun sind. Zwischendurch einmal wenden.

9. Sollten die Scheiben zu schnell bräunen, empfiehlt es sich, sie während des Backens mit Alufolie abzudecken.
10. Die fertigen Mandel-Cantuccini vor dem Servieren gut abkühlen lassen – erst dann sind sie richtig knusprig.

SCHOKO-COOKIES

Für 15 Cookies
Pro Stück: 85 kcal/5,8 g F/1,7 g KH/5,4 g P

150 g blanchiertes Mandelmehl
1 Ei
¼ Teelöffel feinkörniges Meersalz
½ TL Backpulver
40 g Kokosöl, geschmolzen
1 EL Vanilleextrakt
1 EL Backkakao
50 g Schokodrops mit Xylit oder grob gehackte Low-Carb-Schokolade

1. Mandelmehl mit Ei, Salz, Backpulver, Kokosöl, Vanilleextrakt und Kakao in einer großen Schüssel vermengen, bis ein gleichmäßiger Teig entsteht.
2. Den Teig für 30 Minuten im Kühlschrank ruhen lassen und den Backofen auf 160 °C Ober-/Unterhitze vorheizen.
3. Aus dem Teig Kugeln formen und diese vorsichtig platt drücken, sodass Cookies entstehen.
4. Nach Belieben die Schokodrops in den Teig drücken.
5. Die Cookies im Ofen auf einem mit Backpapier ausgelegten Blech ca. 15 Minuten backen.
6. 15 Minuten abkühlen lassen, dann vorsichtig vom Backblech lösen, komplett abkühlen lassen und genießen.

PEANUTBUTTER-COOKIES

Für 15 Cookies
Pro Stück: 129 kcal/8,6 g F/2 g KH/5,7 g P

250 g Erdnussbutter, »Creamy«
100 g Xylit
2 TL Vanillexucker bzw. Vanillezucker-Alternative (siehe S. 41)
1 TL Proteinpulver, z. B. Vanille
1 TL Kokosmehl
1 Ei
1 TL Natron
optional: Kokosraspel oder Schokodrops mit Xylit nach Belieben

1. Ofen auf 160 °C Umluft vorheizen.
2. Erdnussbutter und Xylit mixen. Restliche Zutaten dazugeben und vermengen.
3. Kugeln formen und mit einer Gabel flach drücken.
4. Optional: Kokosraspel oder Schokodrops eindrücken.
5. Für 15 Minuten bei 160 °C Umluft backen.

Empfehlungen für die Low-Carb-Küche

Süßes ohne Zucker. **Xucker** bietet ein breites Low-Carb-Sortiment an Süßungsmitteln, Schokoladen, Fruchtaufstrichen, Gummitieren und anderen Produkten auf Basis von Xylit und Erythrit: **www.xucker.de**

Dr. Almond – Low-Carb- und glutenfreie Backmischungen für Brote, Kuchen und Pizza, Low-Carb-Mehle, Erythrit, Aufstriche, Nussmuse, Bio-Kokosprodukte, Zutaten und Rezepte für Low-Carb-Schokolade u.v.m. Online-Shop:
https://lowcarb-glutenfrei.com

Produkte mit viel Protein und Low-Carb von **Gymqueen**: Queen Topping, Queen Tasty Tops, Sugar Zero, Queen Whey & Protein, Queen Cacao. Alles unter:
www.gymqueen.de

Umfangreiche Auswahl an leckeren und vielfältigen Low-Carb-Produkten: Schokolade, Riegel, Sirup und Co. im Online-Shop von **www.xundes.de**

Kalorienfreier, natürlicher und zahnfreundlicher Zuckerersatz in Form von Trinkschokolade mit Xylit sowie klassisches Erythrit in Zucker und Puderzuckerform. Low-Carb-Produkte entdecken auf: **https://foodist.de**

Vegane Superfoods aus Bio-Anbau, Nahrungsergänzung und Beauty:
www.terraelements.de

Rohpancakes aus der Konjacpflanze, 6 kcal/100 g, in 4 köstlichen Geschmacksrichtungen, perfekt für eine kohlenhydratarme Ernährung:
www.rohnudeln.de/roh-pancakes

Bio-Chiasamen, Kokosblütenzucker, Kakao, Lucuma und viele weitere, ausgewählte Zutaten für leckere Low-Carb-Rezepte: **www.naturherz.de**

Produkte für die Low-Carb-Küche und mehr bei **biorio** – der Onlineshop vom Reformhaus Geschwister Tonndorf. Familienunternehmen mit Filialen in Jena und Gera. **www.biorio.de**

Flüssiges Bio-Eiklar: Pures Ei-Eiweiß in dreifach zertifizierter Bio-Qualität. Low-Carb, Low-Fat, aber High Protein. 100% natürlich, ohne Zusatzstoffe und von glücklichen Hennen. In ausgewählten Supermärkten zu finden oder online zu bestellen unter:
www.pumperlgsund-bio.de

Natürlich angebauter Matcha-Tee zum Backen, Kochen, für Smoothies und mehr …:
www.ambivitalis.de/matcha-tee

Ist die Low-Carb-Ernährung das Richtige für mich? Abnehmen und gesund ernähren – ganz individuell nach den Genen. Mehr Informationen zu den Genanalysen von DNAnutriControl gibt es unter:
http://www.dnanutricontrol.com/

Onlinekurse zum Thema Low-Carb und gesunde Ernährung: Low-Carb-Basics, Abnehmen mit Low-Carb, 5-Elemente-Ernährung der TCM, Ketogene Ernährung, 30-Tage-Reset, Ernährung bei Autoimmunerkrankungen. 20 % Rabatt mit Aktionscode »lowcarb« unter **http://lowcarb-ketogen.de/**

Über die Autorin

Veronika Pichl, Jahrgang 1980, ist erfolgreiche Buchautorin zu den Themen Abnehmen, Ernährung, Bewegung und Glücklichsein. Sie entwickelt Ratgeber für den riva Verlag und den von ihr selbst gegründeten Happy Fit Food Verlag (www.happyfitfood.de). Im riva Verlag sind bereits zahlreiche Kochbücher von ihr erschienen. Sie lebt mit ihrem Mann und ihren beiden Kindern im Nürnberger Land.

Danksagung

Diana vom Blog **www.schwarzgruenes-zebra.de** teilt auf ihrer Seite jede Woche leckere Low-Carb-Gerichte. Nicht nur schnelle Gerichte für jeden Tag, sondern auch Außergewöhnliches für die besonderen Momente oder den süßen Zahn. Ihr Motto lautet: Geht nicht gibt's nicht!

Eileen von **www.veggieundvegan.de** bloggt auf ihrem vegetarischen und veganen Blog über Rezepte, Inspirationen und Nützliches aus und für die Küche. Auf ihrer Instagram-Seite **@eileen_mo_** zeigt sie ihren Followern, wie ausgefallen die vegetarische Küche sein kann.

Auf **Karinas** Instagram-Account **karina.sowa** findet man nicht nur gesunde und vielfältige Rezeptideen, sondern auch sehenswerte Food-Fotos, die inspirieren und Lust auf mehr machen.

Katharina Clören – Schnelle, gesunde Fitness-Küche für jedermann.
Leckereien können gesund sein und ausgewogen kochen geht auch in der Mikrowelle – Wie? Das zeigt Katharina auf ihrem Fitness-Account bei Instagram **@squatsandpeanuts**.

@Leilajasmin_ auf Instagram bekannt, zeigt auf ihrem Account, dass man Essen auch ohne schlechtes Gewissen genießen kann. Selbst dann, wenn man auf seine Ernährung achten, gesund leben oder sogar etwas abnehmen möchte.

Nadin von Fitnessfood4u – healthy food for sporty people.
In ihrem Blog **www.fitnessfood4u.de** und auf Facebook zeigt sie gesunde Rezeptideen und wunderschöne Food-Fotos.

Paria hat mit ihrer Fitness-Gruppe **Eat & Train Bodylicious Women** auf Facebook eine informative und unterstützende Plattform nur für Frauen ins Leben gerufen. In Koch- und Backvideos zeigt sie, wie einfach es ist, gesunde Rezepte zuzubereiten. Instagram **@Eattrainbodylicious**.

Ronja vom Online-Magazin Food'n'Photo zeigt, dass auch das Auge mitisst. Auf ihrem Blog **www.foodnphoto.de** und ihrem Instagram-Account **@miss_gruenkern** präsentiert sie leckere und gesunde Gerichte, die allein beim Ansehen Appetit bereiten.

Bild- und Rezeptnachweis

S. 42: Frostings (Rezept): Ronja Pfuhl, Food'n Photo, #miss_gruenkern
S. 46–47: Marzipan (Rezept + Foto): Ronja Pfuhl, Food'n Photo, #miss_gruenkern
S. 48: Nuss-Nugat-Creme (Rezept + Foto): Diana Ruchser, schwarzgrueneszebra.de
S. 50–51: Frozen Yoghurt Kokos-Blaubeer (Rezept + Foto): Ronja Pfuhl, Food'n Photo, #miss_gruenkern
S. 53: Frozen Vanille-Yogurt (Rezept): Eileen Moser, veggieundvegan.de
S. 54–55: Minzeis mit Schokostückchen (Rezept + Foto): Eileen Moser, veggieundvegan
S. 58–59: Eistorte (Foto): Veronika Pichl
S. 62-64: Waffeltorte (Rezept + Foto): Ronja Pfuhl, Food'n Photo, #miss_gruenkern
S. 65: Pancakes (Rezept + Foto): Karina Sowa, #karina.goesfit
S. 66–67: Quarkbällchen mit Blaubeermusfüllung: Ronja Pfuhl, Food'n Photo, #miss_gruenkern
S. 68: Proteinkaiserschmarrn (Rezept): Inga Eierhoff
S. 69: Apple Crumble mit Vanillequark (Rezept + Foto): Ronja Pfuhl, Food'n Photo, #miss_gruenkern
S. 70–71: Schokolasagne (Rezept + Foto): Karina Sowa, #karina.goesfit
S. 73: Schokomousse (Rezept + Foto): Diana Ruchser, schwarzgrueneszebra.de
S. 76–77: Mandelpralinen (Rezept + Foto): Karina Sowa, #karina.goesfit
S. 78: Schoko-Kokos-Bällchen (Rezept): Miriam Matin
S. 80–81: Fruchtgummi (Rezept + Foto): Leila Jasmin, #leilajasmin_
S. 82: Erdnuss-Schoko-Fudge (Rezept): Miriam Matin
S. 84–85: Matcha-Fudge (Rezept + Foto): Miriam Matin
S. 86–87: Erdbeerkuchen (Rezept + Foto): Karina Sowa, #karina.goesfit
S. 88–89: Schokoladiger Zucchini-Traum mit Johannisbeeren (Rezept + Foto): Leila Jasmin, #leilajasmin_
S. 90–91: Russischer Zupfkuchen (Rezept): Miriam Matin
S. 92–93: Himbeer-Quark-Rolle (Rezept + Foto): Karina Sowa, #karina.goesfit
S. 94–95: Zebrakuchen (Rezept + Foto): Miriam Matin
S. 96–97: Limetten-Kokos-Kuchen (Rezept+Foto): Eileen Moser, veggie-undvegan.de
S. 98–99: Erdbeer-Biskuitrolle (Rezept): Miriam Matin
S. 100–101: Johannisbeer-Streusel-kuchen (Rezept + Foto): Diana Ruchser, schwarzgrueneszebra.de
S. 102–103: Proteinmuffins mit Heidelbeeren (Rezept + Foto): Nadin Schatter, fitnessfood4u.de
S. 104–105: Kokosmuffins (Rezept + Foto): Eileen Moser, veggieundvegan.de

S. 106–107: Schokomuffins (Rezept + Foto): Diana Ruchser, schwarzgrueneszebra.de
S. 108: Vanille-Protein-Mugcake mit Beeren (Rezept): Leila Jasmin, #leilajasmin_
S. 109: Mugcake »Cookie Dough« (Rezept + Foto): Leila Jasmin, #leilajasmin_
S. 110–111: Windbeutel (Rezept + Foto): Leila Jasmin, #leilajasmin_
S. 112–113: Mohnschnecken (Rezept+Foto): Eileen Moser, veggieundvegan.de
S. 114: Himbeerbaiser (Rezept + Foto): Eileen Moser, veggieundvegan.de
S. 115: Mandelschälchen mit Quarkfüllung (Rezept): Katharina Clören, #squatsandpeanuts
S. 116–117: Mikrowellen-Brownies mit Keksteigfüllung (Rezept): Katharina Clören, #squatsandpeanuts
S. 118–119: Mandel-Cantuccini (Rezept): Miriam Matin
S. 120: Schoko-Cookies (Rezept + Foto): Nadin Schatter, fitnessfood4u.de
S. 121: Peanutbutter Cookies (Rezept): Paria Moghaddam, Eat & Train Bodylicious Women

S.8: CobraCZ/Shutterstock.com; S. 9: KatharinaRau/Shutterstock.com; S. 9: Tatiana Frank /Shutterstock.com; S. 9: coffeehuman/Shutterstock.com; S. 9: Pat_Hastings/ Shutterstock.com; S. 10: Kjetil Kolbjornsrud/Shutterstock.com; S. 10: michelepautasso/Shutterstock.com; S. 15: MamaMiaPL /iStockphoto.com; S. 19: baibaz/Shutterstock.com; S. 19: Jarvna/Shutterstock.com; S. 20: yumehana/Shutterstock.com; S. 20: 13Smile/Shutterstock.com; S. 21: lantapix /Shutterstock.com; S. 22: Zb89V/ Shutterstock.com; S. 23: Obak/Shutterstock.com; S. 24: paparazzit/iStockphoto.com; S. 25: DarZel/Shutterstock.com; S. 25: Africa Studio/Shutterstock.com; S. 26: NikiLitov/iStockphoto.com; S. 27: fcafotodigital/ iStockphoto.com; S. 28: Heike Rau/ iStockphoto.com; S. 34: Looker_Studio/Shutterstock.com; S. 36: marekuliasz/ Shutterstock.com; S. 37: Christian Jung/Shutterstock.com; S. 38: f8grapher/Shutterstock.com; S. 39: Africa Studio/Shutterstock.com; S. 40: Tatiana Vorona/Shutterstock.com; S. 41: Diana Lundin/ iStockphoto.com; S. 42: Ekaterina Smirnova/Shutterstock.com; S. 43: NADKI/Shutterstock.com; S. 44: Yala/Shutterstock.com; S. 45 Brent Hofacker/Shutterstock.com; S. 49 Christian Jung/ Shutterstock.com; S. 53: Arina P Habich/Shutterstock.com; S. 56: Happy_Life/Shutterstock.com; S. 57: 3523studio/Shutterstock.com; S. 60: Cristi Kerekes/Shutterstock.com; S. 61: grafvision/ Shutterstock.com; S. 68: marysckin /Shutterstock.com; S. 72: Stolyevych Yuliya/ Shutterstock.com; S. 75: Mariontxa/Shutterstock.com; S. 78: Alphonsine Sabine/Shutterstock.com; S. 79: MSPhotographic/Shutterstock.com; S. 82: Warren Price Photography/Shutterstock.com; S. 91: wsf-s/Shutterstock.

com; S.99: yari2000/Shutterstock.com; S.108: Ksenija Toyechkina/Shutterstock.com; S.115: hlphoto/Shutterstock.com; S. 116: Cheryl E. Davis/Shutterstock.com; S.119: Iryna Deny-sova/Shutterstock.com; S. 121: Yulia Kotina/ Shutterstock.com